地之魂

张志雄　著

上海财经大学出版社

序

旅行的价值

旅行能带给我们什么？

这两天我的《墨西哥谜局》基本上交稿了，人就放松了不少。虽然疲惫不堪，但最近“志雄走读”建了不少读者群，其中也有重新整合的，仍旧需要和朋友们进行一些情感及价值观的交流。

一谈到旅行，我就会想到少年时代的一些感受。我的父亲是军人，常年驻军在东北，他曾经参加过解放战争，后来又参加了抗美援朝，之后就在东北工作生活，先在哈尔滨，后来又到了牡丹江。

我们家有三个孩子，都和妈妈生活在上海，妈妈没有选择随军到东北，不然我就要在东北长大了。爸爸每年回来一次，待一个月，然后妈妈再到东北去，也是一个月。妈妈不是每一次都带我去东北看爸爸的。

老实说，我不是很喜欢爸爸。因为分居两地，很少看到爸爸，爸爸的脾气也不是很好，他不太喜欢孩子。我喜欢出去玩，但是妈妈带孩子出门挺麻烦的，所以我也不是每年都去东北，经常是暑假里跟姐姐一起待在上海。为什么我对此印象深刻呢？因为妈妈去探亲之前会鼓励我说：如果你乖点，每天可以吃一根棒冰。一根棒冰四分钱，如果省点可以吃断棒冰，就是没有木头柄，三分钱一根的。

在我的印象中，我仅去过两三次东北。第一次去时爸爸还在哈尔滨，但我对他的印象不深，基本上不记得发生了什么。不过印象中，我第一次看到东北人，男人女人都身材高挑，和江南人完全不一样。还有东北菜，盘子都很大，里面放了许多番茄。那时上海不像现在物质如此丰裕，我们经常吃不到东西，所以我对东北大盆菜的印象特别深刻。

后来在我的记忆中，从上海出发，坐火车先到哈尔滨，大概是三天的火车行程，然后从哈尔滨转车到牡丹江，大概是半天时间。整个过程是很漫长的，对我们小孩子来说，倒还算方便，因为个头小，在座椅上睡就可以。但是对成人来说是蛮辛苦的，行程要三天三夜，再加上半天。

那时候我就迷上了坐火车，路上一站一站地停，感觉非常有意思。那个年代，货物的流通性不强，比较封闭，在上海是吃不到各地特产的，只能吃到本地的食物。在各个火车站台上，小贩们猛地把当地的小吃和食物塞过来，那种感觉非常刺激。我印象最深刻的是符离集烧鸡，烧鸡的味道、颜色至今还历历在目。那时候物质匮乏，没什么好吃的，更不要说烧鸡了。

这种情况下，你会觉得一路上的零食和其他东西非常宝贵，小贩挤过来塞给你，然后催你付钱，急急忙忙地，此时火车就要开了。

其实我们也没什么钱，但妈妈偶尔会给我买点东西。

我对牡丹江的记忆也很模糊。

但是有两个地方还是记得的。一个是镜泊湖，这地方今天看来就是火山遗址，堆满了火山石，传说是干部疗养的地方。另一个是林海雪原，有所谓的杨子荣墓、座山雕的遗迹，我们坐着车就去了。

对年少的我来说，这些地方都挺有意思的。从很小开始，我就喜欢观察人，观察身边各种各样的人，我觉得这很有意思。

那次去林海雪原，我印象深刻的是父亲的一个战友。他是文书，他的太太是一个四川资本家的女儿，他没能晋升，最后退役了。

他太太很漂亮，他自己也长得挺体面，本来是有晋升可能的，但为了妻子，放弃了自己的仕途。在那个年代，因为喜欢自己的妻子而放弃了前途，这件事给我的印象非常深刻，让我第一次觉得，会有男人为了女人、为了感情可以放弃一些看似很重要的东西。这很有意思，能让我看到生活的另一面。从那时候起，旅行时的惊喜，并不是那些我本来感兴趣的地方，如林海雪原、杨子荣墓（我还在那里拍过照片）等，对我而言，旅途中遇到的人才是我最感兴趣的，因为我在上海是不可能感受到各地的人情世故的。

我妈妈是连云港人，那里还居住着我外婆的妹妹，这样我的生活就有一条线延伸到了连云港。我住在二姨奶家里，门前有一条河，还有桥。上海那时基本用上了抽水马桶，而在连云港，每天上茅房对我来说很不习惯，尤其是晚上，感觉很恐怖。除此之外，我觉得周围都很美好，也很有意思。比如他们叮零咣啷地挑水，虽然自来水更为方便却少了乐趣。连云港还有小贩卖的一种剥了皮的花生，很香。还有豌豆凉粉，这东西太好吃了。这在上海是吃不到的，我一直在寻找，但并未找到。我记得那时候连云港的豌豆凉粉是绿色的，非常好吃。

因为有亲戚在国有企业上班，是那种很大的工厂，我去厂里可以和他们一起洗澡，厂里工会还会发苹果等福利。因为我父亲在军队里，我妈妈身体不是很好，也不在这种企业，所以那时我就在想：哦，国有工厂是这么个概念。大企业很有意思，发各种东西，还可以洗澡。放在今天来说自然没什么，但对年少的我而言，能因此理解一些概念，了解一些不同的生活，蛮有趣的。

二姨奶是个知书达理的人，她是幼儿园老师，教孩子各种启蒙知识。从她身上我看到了在上海已经消失，但在乡镇里还留存的礼仪，这明显来自旧时代。由于当时条件所限，妈妈照顾不过来，哥哥有几年就寄养在二姨奶家里。我小时候缺乏礼貌，而我的哥哥就好得多。这种教育和礼仪大多来自传统文化，有时传承这种事情，乡村或许要比城市留存得多。

很多年以后，我上大学时再次去连云港。在附近的乡村，他们的风俗还保留着。这是我喜欢观察的。

我 10 岁的暑假是在连云港度过的。1976 年夏天因为唐山地震，这里也闹腾得厉害。有传说连云港也会发生海啸地震，于是当地建了很多防震棚，居民都处在恐慌中。他们说唐山地震以后，那些伤病人员竟然没运来连云港，这意味着连云港处在危险中。他们天天商量着怎么搭建防震棚，讨论地震后该怎么办。真是个危机之城。

比如二姨奶的家在河边，河水暴涨该怎么办？门口的电线杆砸下来该怎么办？某天晚上，一家化工厂的装置爆炸了。我们睡在靠近大门的过堂里，门是打开的，二姨奶当即抱着她儿子的孩子，拉着我冲了出来，整条街上一片混乱。据说，有人是抱着枕头而不是抱着孩子冲出来的。因为当初大家说好，如果有地震，民兵的大炮就会响。但实际上他们搞错了，是化工厂发生了爆炸。在那个人心惶惶的时刻，我觉得也挺值得深思的。虽然我只是个小孩子，也在帮大人们搭防震棚。

1976 年是令人难忘的一年。

亲戚们也挺负责的，赶紧把我从连云港送回上海，搭的是一辆化工运输车，我就坐在摇摇晃晃的化工桶旁。那时候我读小学三年级，化工车一路从连云港开到南京。到了南京以后，那个司机帮我买了车票就走了。我想当然地以为可以从原先那个月台上车，就走过去了。然后发现搞错了，我一个人从月台的一边跑到另一边，自己坐上火车回到上海。

这其实也是对我的锻炼。当时我才 10 岁，一个人回到了上海。找不到月台的那种惊慌失措，然后再登上火车那一瞬间的庆幸，这样的经历也很难得。

回来后家人很高兴，觉得我一个人回来很了不起。我能感受到唐山地震以后各个城市的恐慌，除了上海，连云港这种小地方每天都有传言、有恐慌，人们生活在恐惧中，上午、下午和晚上都会传来不同的消息、不同的讨论。

初中毕业的那个暑假，很偶然的机会，我搭乘京杭大运河的货轮，跟着一连串的拖船，从上海出发，最终到达连云港附近。这是我父亲的老战友安排的行程，因此我过了几天的水上生活，住在船里，天天跟船上的人生活在一起。初三的我观察着他们的生活，每天黄昏时分，船停泊后，穿着救生衣的船员就在京杭大运河里游泳。

我印象深刻的还有船过闸门，那是一个晚上，我们的船经过一道道闸门。

最有意思的是我发现同船的人表面上都很客气，但还是有钩心斗角的。有一天他们吵了起来，一个男的指责女的“鸭子下面划水暗使劲”，这是歇后语，意思说你偷偷干了很多我不知道的事情。表面上大家都很客气，突然一下爆发斗争，让我刮目相看。

那场旅途虽然很多事情我都忘了，但小伙子讲的那句歇后语、人与人的神态、脸红脖子粗吵架的情形，让我记忆犹新。

船到了连云港附近，我第一次跟当地的小伙伴们一起玩，经常泡在河里。我最喜欢晚上跟他们一起去钓鳝鱼、捉青蛙，真有意思。我们小时候在上海抓蟋蟀也很好玩，但是没有那么多野趣。在野地里，我记得两条正在交配的鳝鱼被我们一下钓了上来，太刺激了。第二天早上还可以吃到不错的野味。很多年后我写过一首诗，形容那种混沌里两个标志的形象，就像鳝鱼交配的感觉。一个城市少年在乡村跟那些孩子的交往令人难忘。

我觉得很多事是潜移默化的。后来我跟更多的人接触，包括跟大家打交道也比较随意，缘于我的这些经历。之后我很少离开上海生活，就很难再开放地对待生活。

我知道，别人的生活方式自有其有趣的地方，后来的生活和成长，取决于他们年轻甚至是小时候的经历。我的观察，有些是在无意中发现的，但长大后觉得很有收获。

当年高考结束后，我去西安找一位很要好的同学。他是陕西人，曾寄住在上海的外婆家，最后回西安高考。他的父母是在邮电局工作的，我坐邮车去陕西乡下，那地方很穷困，孩子们却自有乐趣。我们爬那种石头山，并不高。爬山的时候总能听到当地的孩子们在唱歌、哈哈笑，但我看不到他们，我们不停地回应他们，但是他们依旧哈哈笑着躲避我们，不让我们找到他们。光秃秃的山，全是石头，应该藏不住人，可就是看不到他们的身影。石头山乍看上去有种荒凉的感觉，等我们下来时整座山笼罩在烟雨蒙蒙中，似是仙境。

当然，这次出去玩的代价很大，那时上海正好发布高考成绩，我考进了医科大学，需要复查视力，然而我还在山里跟孩子们捉迷藏。得知这一消息后，同学的父母第一时间送我上火车，但已经来不及了。那时乘飞机要开证明，所以没法飞回来。于是我错过了进入医科大学的最好时机，人生遭遇了很大的挫折。所以我一直不愿提及在西安的那段美好的回忆。

在大学里，我是系学生会主席。有一次到庐山去玩，我是先头部队，不是跟大部队一起走的，先去探探路。我喜欢一个人走，跑到了庐山脚下，坐车上了庐山。那时我精力还很旺盛，一下子从“好汉坡”冲了下去，然后再上山，等于来回跑了一圈，跑完以后，精神还是很好。半路遇到了一个和我差不多的朋友，他也在游庐山。那是一种什么感觉呢？两个陌生的游人突然陌路相逢，结伴而行。晚上，两个人喝了“一滴泉”白酒，我忘了这人长什么样、谈了什么，只还记得两个人在夜雾蒙蒙的庐山上走来走去。旅途中，这种相逢后挥挥手的事很多，但是在那一刻，我们在一个地方相遇，喝了酒，两个人在迷雾中，我不记得最后是怎么再见、怎么分别的，只记得我们俩一刹那间的感动是真实的，时间越久，曾经的感动带来更多更特别的感触。

1988 年我大学毕业，本来想去读研究生，但因为一个莫须有的处分，没读成，就被分配到工厂去。工厂是压抑的，不是说工厂工作辛苦，只是人的身心有些疲惫。也是从那时开始，我很少在上海过春节。

那时，我跟一位大学校友在春节期间到杭州西湖边乱走，两人都挺迷茫的。后来想到富春江和严子陵钓台，于是我们就去了。我记得是从杭州坐车先到富阳，再转车过去。

路上遇到一对姐妹，都穿着黑色的服装。妹妹长相一般，但很有趣，很天真。她好像高考没考好，准备复习功课再考。姐妹俩跟我们在大客车上聊了一路，记得妹妹叫傅笑一，最后回眸一笑，大家挥手告别。

大年夜，我们到了富春江，有个地方叫七里泷，是富春江的入口处。我们两个人跑去以后傻了，宾馆是有的，但大年夜的七里泷，饭店都关了，没有吃的。我们俩急得不行，跑到一家小饭铺，敲门。店里人一听说我们没饭吃，就让我们进来，马上烧。他们自己还没吃，专门为我们做了一顿很好的饭菜。也许是人家觉得：大年夜的，两个上海小伙子怎么在外面连饭都没得吃，太可怜了。后来，我们游览严子陵钓台和富春江，说了句“富春江真美”，就又去千岛湖，前往淳安。

千岛湖在我的印象中是车上邂逅的两个青春少女居住的地方，带有一种浪漫的色彩。回上海后我们就开始跟傅笑一通信了。她呢，很大气，字写得相当漂亮，她写的一些东西真是很天真，我看得也很开心。大家经常互相通信，当时手机、电话都没有，一封封信写得自然丰富。那种趣味一直让我深陷其中。

印象中，她很喜欢我，我也蛮喜欢她，但还没表达过什么，因为她复读高考，复习功课，很紧张。她在与我的通信中，讲了很多很多当地生活的快乐以及各种各样的东西。那时我很年轻，她更年轻，写了很多书信，讲了很多快乐浪漫又淳朴的话。一直到她告诉我，她考进了浙江大学，充满了期盼，希望我去跟她见面。

我想那时候她是蛮喜欢我的，我却回避了。人的状态有时候是对不上的。那时发生了什么事情呢？

我在上海参加了区图书馆的读书会，认识了一位女生。1990 年的时候，我还完全是个书生，但她看到了这个时代的机遇，觉得男生应该去创业。她对我说，为什么要在这种环境下天天读书呢？外面都是钱，你怎么不去捡呢？

我说我不想捡，我要读书，我要成为作家。大家彼此间没办法沟通。我总是很犹豫，她想办法激将我，但又拿我没办法。

我们当时关系暧昧，好像是男女朋友，又好像不是。

最后发生了一件事，现在想想觉得很好笑。她的前男友很喜欢她，不知道从哪里又追来了。有一日我们聚在区文化馆的草地前，她的前男友也来了，他有些做作，大概把我当情敌，在我面前表演。我后来才想明白，那女生是想办法激我。然后他们两人走了。

我当时哪里懂这个，不像现在这么淡定，那个时候脑子里天天就是读书写作，很单纯的年轻人。当时我心里很难受，很痛苦，那是一次对我很大的伤害。我自己也觉得很滑稽，因为我并不是很喜欢她，却觉得受了很大的伤害，讲不清楚是为了什么，这种感觉很奇怪。

那天晚上我很痛苦，没睡着觉，第二天就跟工厂请假，出走了。

我从来没遇见过这种女生，我以前遇到的都是很单纯的女孩子，突然认识一个“复杂”的女生（现在想来或许并不复杂，只是当初觉得她复杂），她给了我如此莫名其妙的侮辱，让我感觉自己很傻。我到杭州去，跑到浙江大学的门口，说要找叫傅笑一的女同学，门卫帮我去找。然后她出来了，她真的不漂亮，但是很可爱。她看见我就一个转身，像陀螺，非常激动兴奋，说终于看到我了。

但她马上问我：你怎么了？我说我没啥。她说我们出去走走吧。

然后我们就沿着西湖走。

她说：你一定有什么事情，你要告诉我。其实我那时不告诉她也可以的，但那时我觉得迷迷茫茫的，云里雾里地讲了一些东西，其实也讲不清楚什么。

我只是记得她当时受到非常大的伤害。她很伤心，继续陪我走了一段路。我感觉自己那天很恍惚，西湖水是红的，在我眼前晃得很厉害。

最后她对我说：你回去吧，杭州不属于你。

然后她转身离开了。

我一个人在西湖边乱走。我该怎么办，我该到哪儿去呢？走到后来，上了西湖的船。最后，旅行变成了一场流浪。

船上有一个叫牛哥的和一个小弟，我们三个人。这两个人一搭一档，牛哥喜欢讲故事，他们是卡车司机，开卡车从福建出发，路过杭州回山东。他们看我坐在那里愁眉苦脸的，牛哥就问我什么事情。我大致讲了讲。他顺口说，你没什么事的话，就坐我们的车到山东玩吧。人家随口一说，我当了真，就跟着他们走了。

下了船，他和那个小弟对看了几眼。没想到我真的要跟他们走吧。

他们又试探着问我：你真的跟我们走？我说我真的跟你们走。

他们发了一会呆，说那走吧。

一路上我们三个人挤在驾驶室内，本来两个人可以很舒服，我挤了上去，他们也没办法。

卡车从杭州国道一路往山东开，路上那个小弟忍不住调侃我是“小姐”，意思大概是我很脆弱吧。我也无所谓。

我想起上大学时也有一次乘卡车去连云港。卡车司机是我的亲戚，一个和我年纪差不多的小伙子，虎头虎脑的。我到连云港住在他家。他父亲是个“万元户”，在80年代这是很有钱的称呼。这个小伙子谈了个女朋友，想分开。我说分开就分开，没想到这个事情弄到后来，他的父亲很不满。为什么呢？那个年代的乡村不像现在，谈朋友，同女方分手是巨大的损失，要赔钱的。我并不清楚这些，始终想不明白谈女朋友为什么要赔钱。

卡车一路去往山东，晚上我们就住在公路边的旅店里。

进山东境内那天晚上周围一片漆黑，没有灯光，令人非常不舒服。

晚上的小酒店也很诡异，有种色情之感。

一路上我觉得他们很无奈地让我搭车，而我又没什么钱，只是当时糊里糊涂的，就想顺着道路去寻找内心想要的一些东西。

回想起来，那天晚上的“黑暗”，旅馆里好像还发生了点儿什么事情，之后是一刹那的沉默。平时很快乐的牛哥，在灯熄灭之后表现出来的状态，让我觉得他们回到自己家乡后的情感是非常复杂的。生活的艰辛，他们平时是不会流露出来的，而当车一进入山东，四周黑压压的一片，车一头就扎了进去。虽然是回家，竟是如此不堪的感觉。

第二天白天我就下车了，我真的很感谢他们。他们这时也有些不舍，毕竟路上我还与他们交流了不少知识。我下车以后跑到曲阜，一个人晃了一圈。晚上到泰安，我半夜一个人登泰山，爬山途中遇到一个来自天津的大哥。天津哥是个很有趣的人，我们两个就一路结伴而行，嘴上说看不到日出了，但两个人仍然走着，一直走到泰山顶上，居然看到了日出。

看到日出很激动，于是我们边看日出边聊天。

我跟天津哥谈到，我当初想寻找的是生活的启示，生活到底该怎么样过？其实超越了所谓的男女感情。他就跟我谈到他的老婆，曾经差点离婚，最后还是生活在一起。之后，他送我，我们一起下山。

天津哥固然不是很睿智的人，但是很热情，也很有趣。

下山后我就回上海了。这段旅程对我来说，完全是流浪式的状态，一路上很随性，算是随波逐流吧。

1992 年，我已经在上海证券交易所工作。那时候认购证开始发行，我为了回避发财的欲望，遵守职业纪律，跟朋友三个人到张家界游走。我写过游记，后来毁掉了。那次的行程就如同每天在迷蒙的山里走湘西的感觉。

进了上交所和上证报以后，我几乎走遍了中国的大地。那时已成为记者的我，可以到各地去，一边采访一边游览中国。可是我觉得那不是旅行，只是顺便玩玩，虽然见识了各个地方的风土人情，但这些是工作之余的玩乐。我受到了最好的招待，经常有专人陪同我去玩，却只是表面上的欢乐，吃喝玩乐后记忆中竟然没有留下什么。

每个地方都有人陪同，可是这给我带来了什么？什么都没有。其实也不是没有印象，只是没有给我带来真切的感受。

对我来说，真正的旅行是在 2002 年的创业后，我再一次出发，朝外面走。

经常有人问，你为什么不在中国玩呢？为什么不在中国走读呢？其实我认为这不重要，重要的是旅行是否打开了你的世界。

旅行的价值不在于你看到什么景点，而是你可以知晓一个地方的历史，了解一段实实在在的生活，不是看那些表面的东西，顺便打个卡、拍个照。我个人对旅行的看法是对世界的新发现，仿佛打开了一扇门，让你看到别人是怎么生活的。

旅行中有形形色色的人，各种人的生活方式、行为方式，可以让你知道各种各样的活法。我们平时生活的圈子其实很固定，不会有多少变化，一直在这个圈子里我们的人生、眼光也就固定了。而旅行给你的是那种新的感觉，让你受到一种冲击，让你知道还有多种多样的生活方式，有形形色色的人。

你的圈子决定了你的人际关系是很难打破的。比如，为什么婚姻时间越长夫妻越难分开？因为婚姻有很多东西是涉及你的人际圈和社交圈的，一旦出问题就麻烦了。这个圈子实际上是很固定的，可当你走出去，特别是遇到各种新人，圈子就大大扩展了。

不过我们所说的前提是旅行不是旅游。

跟团游，旅行社把你的行程圈死了，所有的故事、所有的事情早就给你安排好了。实际上，旅行社给你的是一个固定的模式、重复的故事，一个成熟操作的商业模式对我们来说是收益不大的。

起初我到印度也是跟旅行社去的，没什么具体的印象，虽然我也写了游记。少年时代我很难理解，为什么外国人到中国来，到上海来，不喜欢去城隍庙，不喜欢到所谓的景点，而是喜欢跑到弄堂跟我们这些居民接触。那时候就觉得好奇怪，我们有什么好看的？我们什么也不知道。而我们出去都是去看埃菲尔铁塔，看伦敦大本钟，看纽约的摩天大厦，看各地的景点。后来回想起来，他们这才叫真正的旅行，他们希望了解不同的风土人情，这比景点更有切身的感受吧。

很多年后，我自己也是如此。这种理念和想法来自我成长过程中的那种漫游——无所事事、漫无目的。这些不是旅游，更像是精神上的漫游，是在寻找出路，也是精神上的一种放松。

旅行带给你的就是那种不可言传、想突破自己的感觉，有很随机的生活的偶然性。就像我年轻时在杭州那一次，我就像掷骰子一样随机地去，走到哪里算哪里，随波逐流，看命运能把我带到哪里去，这时我放弃了自我。我是个性格很强的人，意志力一直很坚强的，但在那个瞬间，我放弃自己所有的意志力、所有的远见，什么都放弃，看看命运会把我带到哪里去。我到泰山就回来了，如果到泰山不回来呢，是不是就一直流浪？最终还是会适可而止。我喜欢那种“滑行”，喜欢那种“生命让它走一段吧”。

2000 年我一个人在巴黎漫游，太开心，走到哪儿是哪儿，甚至没有预订酒店都不在意。到现在我都很喜欢这种旅行方式，还是想独自到一个地方去，事先不做任何安排，只带上钱。

我最大的一个梦想其实是可以在一个地方住一两年，然后再走。如果钱和签证这两个条件都具备的话，我可能会在一段相当长的时间到外面走来走去，东看西看。这种流浪式的旅行就像一只大鸟，我希望到处跑来跑去，在这个地方住一段时间，在那个地方住一段时间。这是一种对人局限性的解放，不愿被理性控制，想解除这种被控制的感觉。这有浪漫的成分，也有一种升华的感觉。

一种飘飘忽忽的感觉，飘忽不定的生命，生命就是这样的。

张志雄

2020 年 6 月

目 录

CONTENTS

第一章 | Chapter 1

格拉斯哥（上）

GLASGOW Ⅰ

长途飞行 12 小时抵达伦敦后，飞往苏格兰第一大城市

准备出发

晚上 8 点 30 分抵达
格拉斯哥

格拉斯哥大学

格拉斯哥民宿

1

我居住小区的那棵大树

小区里的三棵大树，9 年前我第一次看见它们时就很喜欢。我家在上海浦东世纪公园的张家浜河边，从二楼书房的窗户一眼就能看到河流、树木和草地，我早晨经常在河边散步或疾走。

我喜欢城市中的半田园生活。

2018 年夏天我去瑞士一个多月，被它的田园风光所吸引，回来后写了厚厚的两卷本《一个自游人的瑞士 33 天》。

世界上还有其他经典有趣的田园风格的国家吗?

英国。

2010 年我去过一次英国，也是一个月，主要在伦敦转悠，后来北上路过约克，匆匆玩过，直奔苏格兰首府爱丁堡。几天后我南下，去温莎小镇和伊顿公学，然后从伦敦回上海。

《思想英国》就诞生在那之后。

可惜英国不像瑞士，在全国的各个角落都有完善快捷的公共交通网。英国的火车大多在城市之间行驶，比较方便，乡村的公交车很不发达。

《思想英国》

《一个自游人的瑞士33天》

胡杨同学和主编

尤其是苏格兰高地，不自驾的话，寸步难行。

我当年去了爱丁堡后，非常向往苏格兰高地，但对自己在崎岖小路上驾车完全没有信心（这里的驾驶习惯与中国的完全相反）。

我正在踌躇，胡杨在微信群里召唤我：“主编，我们2019年夏天去加拿大吧，我来开车。”

我2002年创办了《价值》（*Value*）月刊，胡杨是我的读者。2012年，胡杨和我及几个朋友同游以色列与约旦，回来后我写了《走读圣经》。

胡杨是武汉人，比我小16岁。他先是在华为工作，之后去做游戏项目，没成功，又与华为的同事松哥一起做烤鱼生意，还是没成功，最后他们卖小龙虾，竟成了深圳最红火的小龙虾品牌。说来也是运气，因为小龙虾当时在湖北及江浙火爆，深圳正好是一块空白地带，被他们填补了。如果在上海，就没有他们什么事了。

胡杨年轻，喜欢开车，性格也挺有趣，与他同行合适。

出门在外，与谁同行很重要。经常有朋友说要与我同行，我只是笑笑，大家的饮食习惯和生活节奏都不一样，彼此协调，很是麻烦。

我马上对胡杨说，加拿大我确实很想去，落基山脉真是美不胜收。可眼下我有一个更小众更需要你帮助驾车的地方——苏格兰高地和英格兰乡村。

胡杨一听，马上发来“007”系列电影之《黑日危机》中取景苏格兰的照片，他说这就是自己理想中的苏格兰高地。他说自己最爱威士忌，可以去苏格兰酒厂好好逛逛。

这事成了。

2

上海浦东机场，我照例在微信朋友圈与大家告别。从走读瑞士开始，我越来越离不开朋友圈的互动了。朋友们对我所到之处的评论与建议，让人大开眼界。

朋友圈的部分留言：

> “心宽体胖”“少喝点威士忌”“期待直播”“当代徐霞客”“请张老师也介绍一下威士忌”“期待与您的微信一起同游，少喝点酒”“哈哈，这么多祝福！这个暑假值得期待”“期待威士忌品评”“张老师以后组个团，我们跟你混”“苏格兰最美的季节，期待主编走读天下，走读人生”“您可真是事业与爱好融为一体”“带着儿子去旅行，真羡慕，主编一路平安呀”“威士忌和精酿啤酒一路上喝个够”“祝平安顺利，盼精彩美图”“希望主编的腰脂环在走读中燃烧”“幸福的主编，想去哪里随心所欲，美煞人也”“又有好的体验给我们分享，谢谢主编每年的辛劳，这将是一笔宝贵的财富”“主编还是那个看透人心的眼神”。

我们乘坐的是英国航空飞机，空姐的态度不错。我平躺着的时候，安全带看不见，英航工作人员会掀开毛毯检查乘客是否系好安全带。当天的飞机很颠簸，我平躺着也感到很不舒服。还好我每次坐飞机前都会吃抗焦虑药，能够舒缓情绪。

白天一般很难入睡，但我从上午 11 点登机开始一直睡到晚上 7 点。

长途飞行 12 个小时后，飞机降落在伦敦希斯罗机场。外面阳光明媚，而北京时间将近晚上 11 点了。记得 15 年前我第一次去柏林，中午望着明晃晃的太阳，人的生理状况却像在深夜的中国，时差感怪极了。

我们在伦敦经停两个小时后，飞往苏格兰第一大城市格拉斯哥（Glasgow）。

飞机上提供我们一顿简餐，有枫糖煎三文鱼（照烧酱）、茉莉香米饭、西兰花和小番茄、柠檬酸奶慕斯、糖渍莓子。三文鱼的味道不错。

格拉斯哥机场

34天的出游“伙伴”找到了

格拉斯哥民宿内部

3

格拉斯哥机场真小，候机室的空间也不大。

晚上 8 点 30 的格拉斯哥，天空蓝得深沉，仍然亮着。

在机场旁租到车后，我们就去民宿所在的高层公寓，天气很凉爽。

公寓临近克莱德河，小区很新。

我们预留的私人车位被人占了。胡杨说深圳的公寓也是这样，车位大多私有化，没有车位的会强占其他人的。但深圳的强占者会留个电话，格拉斯哥的则信息全无。我们只能停在路旁。房东布莱恩跑来说：如果被警察罚款，算他的。

我们住的民宿房间干净整洁。朋友在微信圈看到我发的图片，说是像“样板房”。

格拉斯哥夜景

晚上 10 点 15 分，外面竟然还亮着，我对着窗外拍了两张照片。有朋友在格拉斯哥夜色的照片下留言：

“一起床就看见主编的朋友圈直播了。几年前去格拉斯哥时，看到城市建筑外墙风格与临近的爱丁堡差异极大。格拉斯哥有许多红色外墙的建筑，而爱丁堡的许多建筑则是用黑色的火山石建造的，站在爱丁堡市中心的城堡眺望，似乎整座城市都化了‘烟熏妆’。作为英国的第三大城市和重要的港口城市，100 多年前的格拉斯哥应该和利物浦一样，是英国工业与海运强盛的见证，现在感觉多少有些没落。据在格拉斯哥待过几年的朋友讲，市中心广场一带不是很安全，但当年旅行时完全没有感受到。”

4

第二天早晨 5 点不到，我就醒了。而胡杨似乎是饿醒的，前一晚没有吃饱吧。

我们两人跑出公寓，来到对面的克莱德河，河水清冽。

我们沿着河岸走，去找麦当劳。

胡杨怕热，说是从深圳来这里避暑，要散热三天，他大清早穿着拖鞋游街。

这里是新区，清晨 5 点，空无一人。

路过传说中苏格兰最古老的戏剧俱乐部，像个圆形的堡垒。

英国的老邮筒

又看到路边红色的英国老式邮筒，多年后重逢，真是亲切。

胡杨看到房地产中介的橱窗站住了，这里的公寓房售价折合人民币约 50 万元，联排别墅约 100 万元。

我发在朋友圈，大家都认为这价格太便宜了，“比美国三线城市还便宜”。有位似乎熟悉格拉斯哥的朋友留言：“主要是位置不好，位置好的要超过 50 万英镑。”

我们终于找到了一家麦当劳，两人早餐 5 英镑，合人民币 40 多元，与中国的价格差不多，味道则清淡一些。

回来的路上看到健身房门前有一堆人，现在是早晨 6 点 30 分，门开了，人们鱼贯而入。格拉斯哥人是早晨健身，然后上班。中国人则相反，一般是下班健身，而且似乎更喜欢在晚上 9 点 30 分以后。

格拉斯哥房产中介张贴的售房信息

5

早上我们先去格拉斯哥大学（University of Glasgow）。

看到类似古堡和教堂的格拉斯哥大学，我的老友、证券业的元老应健中在朋友圈议论到："低调的格拉斯哥大学，建于1451年，是全球最为古老的十所大学之一。当年我儿子也拿到了格大的offer（录取通知书），由于课题选题关系，最后他去了巴斯大学。格拉斯哥大学除了拥有7名诺贝尔奖获得者外，著名校友还包括蒸汽机发明人瓦特（Watt）、经济学鼻祖亚当·斯密（Adam Smith）和热力学之父开尔文（Kelvins）。"

格拉斯哥大学

应健中的儿子毕业于武汉的华中师范大学，接着去巴斯大学攻读硕士和博士研究生。我上次来英国，他还在巴斯，本来约好碰面，后来时间太仓促，未能成行。

格拉斯哥大学是英国第四古老的大学（前三名依次是牛津大学、剑桥大学和圣安德鲁斯大学），由苏格兰国王詹姆斯二世和格拉斯哥主教威廉·特恩布在 15 世纪请求教皇尼古拉五世批准创立。

格拉斯哥曾邀请爱因斯坦做过一场关于广义相对论起源的讲座。1894 年，苏格兰第一批女大学毕业生在这里完成了她们的学业；1958 年，世界上第一张胎儿超声波图像由格拉斯哥大学的伊恩·唐纳德（Ian Donald）教授公布。

格拉斯哥大学建筑内部

格拉斯哥大学博物馆

我们粗略地参观了一下格拉斯哥大学。我很欣赏它的室内装饰，尤其是地毯和壁纸，有种荷兰大画家维米尔的配色之感。

大学内的博物馆也有 200 多年的历史了，拥有逾 150 万件藏品。不过，我觉得博物馆的建筑形式要比展品更吸引人。好友评论：“里面的黄色真丰富，让人感觉温暖和典雅。窗户美得令人心醉，若是窗外飘着小雨就绝美了。”

BEAUTY IN HELL: CULTURE IN THE GULAG
ARCHAEOLOGY UNCOVERED

THE ANTONINE WALL
ROME'S
FINAL FRONTIER

椅子正面有好几块黄铜板：两块大的铜板上分别刻有格拉斯哥大学及其组成学院的纹章。前者上方刻着格拉斯哥大学创始人——教皇尼古拉斯五世、苏格兰国王詹姆斯二世和格拉斯哥主教威廉·特恩布——的名字。两侧较小一些的黄铜板上刻着主要王室捐助者的名字。黑石椅背面还刻有苏格兰王室纹章和英格兰王室纹章。

比较吸引我的展品是一张“时间到！”黑石椅。

自1451年格拉斯哥大学成立之日至19世纪中叶，所有的学生都坐在这张黑石椅上接受口试。一块厚厚的玄武岩嵌在1775—1776年制作的橡木椅框内，椅子顶端是一个由月桂树叶围绕的沙漏。

口试开始之际，仪仗官手执权杖，将沙漏设定好，大约20分钟之后，即所有沙粒漏尽之时，仪仗官以杖触地，说道“Fluxit”（拉丁语，意为“沙已漏尽”）。然后转向主考官，再次宣告“Ad alium，Domine”（拉丁语，意为“先生，轮到下一位”）。

这张黑石椅现在仍然用于黑石奖章考试（古典文化研究）和名誉学位的授予典礼。

6

我来格拉斯哥大学还有一个目的，那就是缅怀创造现代世界文明的先贤。

上次我去爱丁堡时，应健中就反复提醒我去苏格兰国家博物馆，完整地感受一下苏格兰对人类社会的贡献。我去了苏格兰国家博物馆，但因一些状况，未能在《思想英国》中展开说明。

这次来苏格兰，我的老友、优秀经济学人汪丁丁在我朋友圈出题了：

"英国的深入走读其实很不容易，因为'日不落国'的历史细节广为人知。尤其是苏格兰，一切好的都来自苏格兰，可是这块土地简直就是'不毛之地'，以致我的思想史老师、老友林毓生教授感慨：斯密的故土为何产生了如此伟大的苏格兰启蒙，这是需要解释的。以我所读，从民国初期至今，还是没有令人信服的解释。"

我没有丁丁读的书多，尤其是思想史，那可是他的强项。

我比较喜欢的是阿瑟·赫尔曼（Arthur Herman）所著的《苏格兰：现代世界文明的起点》。记得在20年前，巴菲特的伙伴芒格推荐了这本书，我几年后看到过台湾译本，顿时觉得茅塞顿开。

在我们的思想传统中，一提到18世纪的启蒙运动，就会想到伏尔泰、卢梭和狄德罗等法国思想家的贡献，该运动直接引发了轰轰烈烈的法国大革命。

但人们后来逐渐发现同一时代还有苏格兰的启蒙运动，它可能没有法国启蒙运动那么激进，但在许多方面比法国更健全、更具独创性。重要的是，它的影响同样重大而深远。

苏格兰思想家是最早将“历史”和“人性”这两个主题联系在一起的，他们将人类视为历史的产物，并主张，人类最根本的性质——包括道德精神，是在不断演变和发展的，受到个人无法控制的各种因素的影响。归根到底，人是环境的产物。这是苏格兰“学院派”的伟大发明，流传至今并被现代社会普遍接受。

同时，他们也坚信，人性的变化并非主观随意，也非混沌无序，而是根据某些可依循的原则和演化模式。从根本上来说，对人类的研究是一种科学研究。苏格兰人发明了今日所谓的社会科学：人类学、种族起源学、社会学、心理学、历史学，还有亚当·斯密奠基的经济学。而且尝试转化了所有知识领域的不同分支：文学艺术、社会科学、生物学、化学、地理学、物理学和其他自然科学，使其成为一系列条理清晰的学科，通过教育流传后世。

赫尔曼提醒我们，这种态度催生了伟大的成就，直到苏格兰启蒙运动退出历史舞台很久后，它仍然在发挥作用。事实上，今天它还存在于大多数人的书架上或电脑硬盘里，几乎每天都能用到，这就是《大英百科全书》，第一卷于 1768 年在爱丁堡出版。编者最初的意图是收录人类知识和科学的完整纲要，并持续增添最新发现，形成连贯可掌握的知识体系。这个目标实现了。法国启蒙运动的狄德罗所编纂的《百科全书》如今已成为摆设，只能用于满足历史学家的好奇心，而《大英百科全书》历经两个多世纪，仍在不断发扬光大。

我自己也有同样的感受。过去读法国启蒙运动思想家的著作，总让我感到是在读“古人”的著作，而苏格兰启蒙思想家亚当·斯密与大卫·休谟（David Hume）等人的作品，却让我“没有距离感”，似乎是现代人在与我对话。

7

赫尔曼在《苏格兰：现代世界文明的起点》中写道：

> 1700 年时，苏格兰是欧洲最贫穷的独立国家，直到 1800 年，苏格兰的人口仍然未满200 万。然而这个人口稀少、领土狭小、文化落后的民族却摇身一变，一跃成为推动现代化进程的主导力量，其中的秘密鲜为人知，却能带给我们许多启示。

法国启蒙运动的场所主要是沙龙，而苏格兰启蒙运动的发生地是在大学和教堂，这些启蒙大家多数是包括大学教授在内的教师，还有宗教人士，利用教堂布道传播知识。

这个区别赫尔曼没有刻意强调，我却认为十分重要。法国启蒙运动是反基督教的，所谓“启蒙”就是要用知识之光取代上帝来“照亮”世界，所以之后的法国大革命对教堂的破坏极大。

苏格兰占统治地位的是长老会（基督教在苏格兰的国家教会，但不受国家控制，政治上属新教），他们支持未成年人必须识字，才能阅读《圣经》。1696年,苏格兰议会通过了“兴学法案”,规定苏格兰各教区至少设立一所学校。

结果，1720年之前，苏格兰男子的识字率达到55%左右。1750年上升至75%，而同时期英格兰男子的识字率为53%，直到19世纪80年代，英格兰才终于赶上了苏格兰。

苏格兰是欧洲第一个现代意义上的文明社会。这意味着人们不仅阅读《圣经》，还阅读别的书籍。宗教审查制度设置的障碍最终在18世纪被破除，知识爆炸随即展开。斯密和休谟等著作涵盖的读者群扩及一般大众，不仅限于知识分子。

在苏格兰，即使不算富裕的中等阶层也拥有自己的藏书，如果想阅读昂贵的书籍，还能从当地图书馆借阅。1750年，所有苏格兰城镇都有图书馆。书籍贸易在爱丁堡当地的经济中也有着重要地位。1763年，这个仅有6万人的城市却拥有6家出版公司，1790年增至16家。造纸业是民族经济的支柱产业。造纸、油墨、印刷、销售构成了产业链，为广大读者服务。1795年，苏格兰的总人口为150万人，其中将近两万人依靠写作或出版谋生，10500人从事教育。这表明，尽管苏格兰相对贫困，人口稀少，但重视阅读、学习和教育的观念已根植于苏格兰文化。苏格兰对教育的重视和普及程度，放眼欧洲无出其右者。

斯密曾在《国富论》中评述，苏格兰的教育体系“使几乎所有平民都能识字阅读，其中很多人能写字和记账”。今天我们承认，在复杂的现代世界，识字和计数是生活的基本技能。从这层意义上说，18世纪的苏格兰已做好准备，“进入”现代世界，欧洲其他地区都落后了一步。

8

苏格兰启蒙运动主要由格拉斯哥与爱丁堡带动，而格拉斯哥大学则是其重镇。

正如赫尔曼所言，格拉斯哥在中世纪时就是商业市镇。相比拥挤肮脏的爱丁堡，无数烟囱喷出令人窒息的煤烟，格拉斯哥城则干净得多，四条宽阔的主干道汇集在中央路口，构成优雅的十字架造型，《鲁宾逊漂流记》的作者笛福（Daniel Defoe）称赞它是大不列颠最美丽干净的城市。与英格兰结盟前的一个多世纪，格拉斯哥就已是国际贸易港了。

校园里的读报人

苏格兰启蒙运动的先驱弗兰西斯·哈奇森（Francis Hutcheson）就是格拉斯哥大学的教授，在学生中的威望极高。他打破了几百年来学院一直采用拉丁语教学的古老惯例，使用英语讲授道德哲学，他可能是全欧洲第一位用本国语言讲课的大学教授。

1737 年，斯密进入格拉斯哥大学学习，很快就为哈奇森的魅力所倾倒。每星期有三天的早晨从 7 点 30 分至 8 点 30 分，他必定坐在哈奇森的教室里聆听道德哲学课程，后来还听哈奇森主讲的法学和政治学课。

哈奇森描述了一种新的政治和社会理念，即“自由社会”的梦想，远远超过了洛克（John Locke），或任何同期的英国思想家。他是欧洲第一位古典意义上的自由主义者：相信社会、经济、智力以及政治领域的个人自由可以发挥至最大程度。不过我们应该记得，这种自由的终极目标是幸福，而哈奇森始终将“幸福”定义为通过帮助他人得到快乐。

他相信自由的结果不是自私自利；通过我们的道德理性，它实际上掌握在上帝手中。哈奇森主张让人随心所欲地去做任何事情，却从不担心伴随的危险，因为根据他的想法，一个自由的社会必定拥有坚定而恒久的基础，那就是我们与生俱来的道德感，它使我们能辨别是非善恶，保持正派的作风，正如我们的理智能让我们分清真实与虚假一样。“道德的本质，”哈奇森写道，“如神的智慧与善意一般永恒不变。”

9

哈奇森于 1746 年去世。

但在 1734 年，爱丁堡 26 岁的休谟就全盘否定了哈奇森的道德哲学。

两千多年来，西方哲学大师都赞同理性的职责控制着我们的感情和欲望。然而在休谟的第一部著作《人性论》中，休谟就推翻了这种观念，宣称“理性是，并且应当是激情的奴隶”。

休谟主张，利己主义意味着一切。指引我们所有行动的压制性力量既不是理性，也不是对他人的责任感，更不是任何天生的道德感——这些只不过是通过习惯和经验形成的——人类最根本的激情，即自我满足的欲望。这种欲望是全人类共同具有的东西。它也是任何道德体系以及任何政府体制必须具备的起点。

“因此，没有哪种激情能够抑制住追求私欲的感情。”休谟断言，“只有依靠这种感情本身，通过改变其方向加以控制。”他进一步指出：“人类的灵魂天生狭隘、目光短浅，只在乎当下，对未来漠不关心，他们不可能彻底纠正自己或他人的这种缺陷。”换句话说，就是人类不可能改变自己的本性。

1723年，斯密出生于爱丁堡对面的福斯峡湾旁。他的父亲老亚当·斯密学习过法律，担任海关检查员。当时苏格兰沿岸的走私活动因为英格兰与苏格兰的合并而猖獗，当地的大多数走私者原本是遵纪守法的市民和商人。他的父亲试图拦截走私活动却屡屡失败。

少年亚当·斯密把这个经验写进了《国富论》：

在可自由而安全地向前努力时，每个人改善自己境遇的自然努力，是一股那么强大的力量，以至于没有任何帮助，亦能够单独地使社会富裕繁荣。而且能够克服无数的顽强障碍，包括妨碍其发挥作用的愚蠢法律制度。

这段话很容易让人想起斯密的朋友休谟。然而事实上，休谟将哈奇森的理论打入冷宫，反而是斯密让它死灰复燃，设法保留人类天生具有的道德感、懂得关心他人的思想，并将其视为人性的基本原则。

我们通常认为斯密是经济学家，可他却认为自己首先是道德哲学家，他的所有研究几乎都是围绕着哈奇森提出的基本问题展开的：为什么人类一般都是好人而不是坏人？为什么（总体而言）他们会选择建设性的生活，每天早晨起床工作、养家糊口，与其他人正常交往，而不会去杀人抢劫？

10

赫尔曼认为，斯密得出的答案与哈奇森不同，因为他必须正视休谟的挑战。在许多方面，斯密都融合了启蒙运动的两大流派：即哈奇森代表的“温和派”与休谟代表的“强硬派”。前者相信人性本善，相信教育具有启发和解放的力量，能够影响人性；后者对于人类的意图和动机持冷眼旁观、怀疑或者不信任的态度。在斯密的作品中，这两种思想既互相融合又自始至终保持着一种从未完全解除的张力。事实上，这种张力贯穿于现代生活和文化的一切方面——它是人类应当具有的天性、偶尔表现出的特性、真实的本质以及整体的性质之间形成的张力。斯密有勇气直接面对这种张力，分析和描述它，然后帮助未来的人用自己的方式理解它，这才是斯密最伟大的功绩。他被称为伟大的现代思想家之一，至今仍然拥有重要地位就是因为这个功绩，而不是由于被后人奉为资本主义大祭司的角色。

斯密的第一本著作《道德情操论》，其中不少内容今天读来仍发人深省。

比如，在斯密看来，我们的道德、文化和经济生活都是想象力的问题。想象力也转变成为推动商业体系的动力。我们内心想象自己的生活与世界首富盖茨一样富裕舒适，这种幻想的未来刺激并指引我们集中精力朝着一个目标努力前进。

正是这种欺骗，永不停歇地引导和推动人类勤劳地活动。正是这种欺骗，最初促使人类耕种土地、建造房屋、建设城市和国家，在一切科学和艺术领域中取得发现和进步；这些科学和艺术改善并美化了人类的生活，使之更加丰富多彩；彻底改变了地球的面貌，将自然界的原始森林改造成适宜耕种的富饶平原，让渺无人迹的广漠海洋变成了人类生存的新宝库，开辟出世界上各个国家互相交流的宽广通道。

换言之，富人是想象力最丰富的一群人。他们的欲望远远超过他们的胃口。他们雇佣佃农或工人，通过自己和所有雇员的努力，最后生产出的产品量远远超过其消费能力。“因而在并非本意和无知无觉的情况下，（富人）增进了社会的整体利益，并为人类的繁衍和致富提供了途径。”

11

赫尔曼继续分析道，直到两百多年后的今天，围绕着斯密和《国富论》依然存在三个巨大的误解。

第一个误解是，斯密相信资本主义的财富是由某种“看不见的手”指导人们生产出来的。

事实上，《国富论》和《道德情操论》中出现的这个术语是一种反讽。

斯密确实相信，在市场以及复杂多变、交互连锁的利己主义市场交易机制的基础上，资本主义会自然产生出某种合理的运作秩序。而在浅薄的观察者看来，就仿佛存在一个意志或“看不见的手”指导着每个人的活动。但是他没有真的认为以市场为基础的秩序就是完善的或者可以接近完善。只是在一定程度上，它要比政治家或统治者制定的规则更加有益，最终的效果更加合理，因为人类是感情的生物，会受到激情和一时兴致的影响。

斯密和休谟都喜欢反讽。反讽是现代精神最典型的态度。启蒙时代的苏格兰人无疑具备这种特征。他们以理智的超脱观察人类心理和行为，注意到我们的意图和期望常常与实际的表现和行动南辕北辙，对此进行反讽。

第二个误解是，斯密发明了自由放任资本主义这个概念，在此环境下政府很少甚至不发挥作用。

事实上，“放任主义”这个法语词汇是法国经济学家发明的，斯密根本没有使用这个说法。与人们的误解相反，斯密理解强大的政府所发挥的重要作用，他知道为了保障社会安定和国际间的贸易，有必要提供一个强大的国防系统。而且为了维护公正和个人权利——尤其是私有财产权，就必须建立国家法律制度：“那些经过多年劳动、甚至几代人的努力积累起来的宝贵财产，唯有在司法机构的庇护之下才能安全，让主人高枕无忧。”那些必不可少的公共工程，比如道路、桥梁、运河、港口，也需要政府的帮助才能支付其建设费用。

除此之外，斯密认为任何其他形式的政府干预都会导致各种各样违背本意的后果。历史上已经有无数前车之鉴，政府和统治者往往出于最好的动机，试图改变或改善国家的经济状况，结果却是灾难性的。

第三个误解是，《国富论》是在替商人阶级辩解。

格拉斯哥大学

事实上，《国富论》虽然提倡自由市场，但是看待商人本身的方式却全然不同。首先，在斯密眼里，自由市场的主要受益者不是商人而是消费者。“消费是一切生产的唯一结果和目的；只有当有可能增进消费者利益的时候，生产者的利益才应该被顾及。”这恰恰是既有的英国资本主义制度未能做到的。与消费者的利益相比，它优先考虑生产者和商人的利益，消费者总是希望商品廉价和货源充足，然而商人们的选择却往往相反。其实斯密知道，英国政府之所以会制定出许多灾难性的商业政策，多半是由于伦敦商人为了维护自己的利益而在幕后煽动。

赫尔曼写道，总体而言，斯密对典型商人的印象确实不佳，他的那些烟草大亨朋友如果看过《国富论》，想必都感到不舒服。

在他笔下，商人们经常抱怨物价太高，却“从来不提过高的利润造成的恶劣后果”。他形容商人“吝啬贪婪”“追求垄断利润”，暗示“搞专卖公司和御用商人的政府或许比任何国家的政府都更糟糕”。这些评判主要针对伦敦的商业团体，它们寄生于古老帝国的腐朽制度并从中获利，而不是格拉斯哥的商业团体。斯密表述的要点是：自由市场遏制了商人的贪婪和权势，对于干预市场的国王或官僚也是一种抑制力量。

但是，斯密预见了商业社会中孕育出的另一种恶性腐败现象，它更有规律也更有害，令斯密非常担忧。随着资本主义社会越来越专业化，商业和服务的总体产出越来越成熟精细，参与这个过程的人们就会渐渐变得越来越狭隘，只关注自己的利益，对自己的商店、事务所或货仓外面发生的事情漠不关心。他们用生意、利润或损失衡量一切，失去了宏观看待事物的能力。

斯密在一份讲义中写道：商业的另一种恶劣影响在于它消磨了人类的勇气和意志，还使尚武精神荡然无存。在所有商业国家，劳动分工是没有穷尽的，令每个人的思维局限于某个特定领域——人的思想萎缩了，以至于失去了进一步提升的能力。教育受到鄙视或至少被忽略，英雄的精神彻底绝迹。

这些问题和思索仍然具有现代性，我们今天仍然需要面对它们。

第二章 | Chapter 2

格拉斯哥（下）

GLASGOW Ⅱ

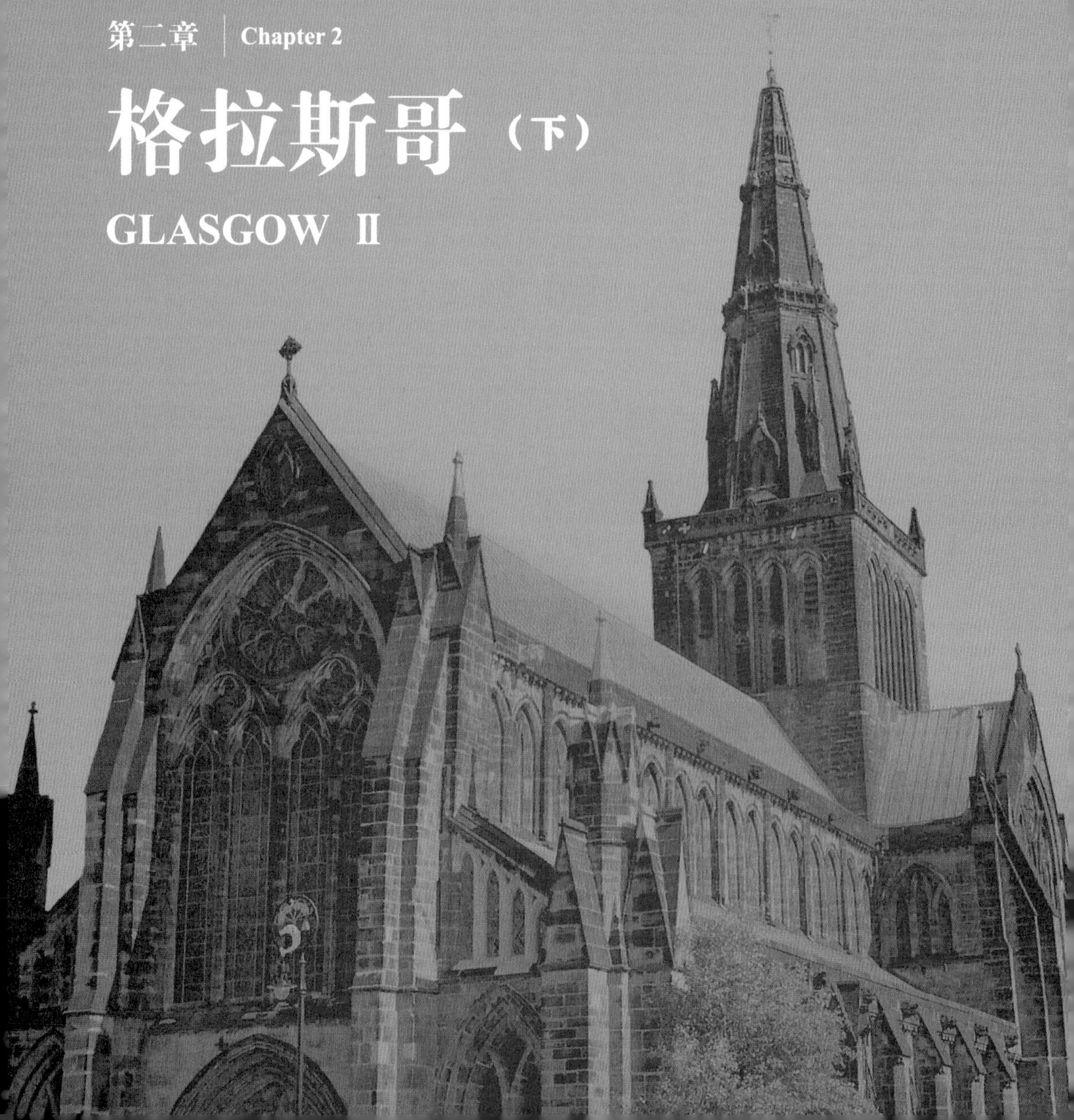

凯文葛罗夫艺术博物馆

格拉斯哥大教堂

格拉斯哥公墓

乔治广场

1

参观大学后接着去红砂岩建成的凯文葛罗夫艺术博物馆（Kelvingrove Art Gallery and Museum）。

我的目的就是要看镇馆之宝萨尔瓦多·达利（Salvador Dalí）的《圣十字若望的基督》。

英国当代作家安德鲁·奥哈根（Andrew O'Hagan）写过一篇《格拉斯哥的梦幻之宫》，开篇是：

凯文葛罗夫艺术博物馆

阿拉斯代尔·格雷（Alasdair Gray）是苏格兰的小说家，也是艺术家。他曾经说过，如果你住的地方从来没有人画过，你的想法从来没有在收音机中听到过，你周边的人也从来没有在小说中出现过，那么你虽然生活在一个真实的世界里，但是你的生活没有想象空间。我生长在格拉斯哥的城外，家里信奉天主教，生活里充满了各式各样的故事、各种想法，还有坚定的信仰，但是我的父母亲从来不阅读，家里也没有书。如果你生长在没有古典音乐的环境，并且谈到油画就只能联想到油漆，那么长大之后，就会认为所谓的文化是属于生活在另外一个世界的人。

凯文葛罗夫艺术博物馆

1981年我才13岁，5月的一个早上，我到了格拉斯哥城里，来到凯文葛罗夫美术馆。那是一栋很美的红色石头建筑物，阳光反照在拱形的窗户上。我很紧张，我不敢进去：我不太确定是否需要付钱买票，或像我这种对艺术一窍不通的人，是否适合参观美术馆。但是当我踩着阶梯一步一步走上去，从二楼厢房往大厅看，我有了青少年期的第一个领悟，这个地方是属于我们的，它的画、它的光、它的石头建筑是属于我们的，属于格拉斯哥的人们，属于我的。

我走到厅道的尽头，看到萨尔瓦多·达利的《圣十字若望的基督》，戏剧性地悬挂在昏暗的光线里。对于耶稣基督受难这个景象我是很熟悉的，我的祖母开了一家鱼铺子，店里墙上有一张耶稣受难的图像，耶稣头上戴着荆棘的王冠，她指着耶稣的像说，好人就是这样的下场。当我看到达利的这幅画，在神圣的宗教情怀之外，我有其他的思索：我思索光线、形式、创造力和虔诚的信仰之间的关联。耶稣在十字架上受难的情境我非常熟悉，他的身躯苍白无血色，留着胡子，眼睛仰望凝视着苍天，像一个平凡人一样面临死亡。但是达利竟然没有画出他的面孔。我们看到的是一个健康的男子，正当壮年，在戏剧性的光线下被钉在十字架上，神秘地悬在加利利城之上，似乎仍然惦记着人世的丰美。我坐着看这幅画看了很久，当我起身离去时，我成为一个全新的人。

2

1981年，奥哈根看到这幅画的时候，我15岁。那时我还在上中学，应试教育的紧张、压抑与封闭，让我很难接触到现代艺术。

但1984年进入大学后，我很快就学习了西方艺术，达利与毕加索都是首批进入我视界的现代画家。关于达利，印象最深的当然是他的《记忆的永恒》

《圣十字若望的基督》

（1951 年）

萨尔瓦多·达利（1904—1989 年）

（1931 年），柔软的钟表挂在树枝和桌子上，海角，如梦如幻。

后来我知道这只是达利的第一个创作阶段，即“精神分析”时期（为此，他还特地跑去维也纳拜访了弗洛伊德）。达利在 20 世纪 40 年代末又进入了“核物理学”创作时期，宗教题材绘画因此出现。

在《圣十字若望的基督》旁，美术馆有关于“达利与宗教”的说明：

达利在第二次世界大战期间逃至美国。之后在 1948 年回到西班牙，但当时的佛朗哥将军以独裁者的身份统治着西班牙，还声称自己是天主教反马克思主义和现代性的捍卫者。

达利在早年就远离了自己幼时所接受的天主教信仰，但如今他决定再次成为一名虔诚的天主教徒。1949 年，达利获准觐见教皇皮乌斯十二世，达利寻求并获得了对自己的新宗教主题的认可。

达利曾研究过核物理学，认为宇宙原子本质的发现证明了上帝是存在的。达利认为自己是第一个将科学与宗教信仰相结合绘制作品的艺术家，并将其称为“核神秘主义”。

1951 年，达利发表了《神秘主义宣言》，宣称他打算绘制一幅雄心勃勃的《耶稣受难图》，并说道：“我希望我接下来创作的耶稣是一幅包含着最多的美丽和快乐的作品，比截至目前创作的任何作品都要多。”

达利创作的耶稣与传统的描绘耶稣受难的方法完全相反，后者更强调受难和痛苦。例如 16 世纪早期德国画家马蒂亚斯·格吕内瓦尔德（Matthias Grunewald，约 1470—1528 年）创作的祭坛画中，我们看到耶稣扭曲破碎的身躯被荆棘所撕裂，双手被巨大的钉子刺穿。

自 16 世纪中叶起，艺术家往往把耶稣单独地画在十字架上。达利对这一传统做出了改进。达利在20世纪50年代继续创作其他宗教画，耶稣伸展的双臂经常出现。这暗示我们，达利认为《圣十字若望的基督》是他创作的宗教题材作品中的杰作。

微信朋友圈的好友大多认为达利“采取的是上帝的视角，令人震撼”，“这种从上俯瞰的视角，就像深渊，画的底部是平静的湖面，对比强烈，照在十字架上的光，让观赏者如临此景”。

据说，曾有一个精神不正常的人用石头砸了这幅画，以至于画的表面不再那么平整，他认为博物馆不应该收藏它。

3

达利经常自诩为天才,他与另一位西班牙天才画家毕加索的相遇就很有趣。

达利回忆自己第一次前往巴黎，在那里待了一个星期。“在这短短的时间里,我却完成了三件大事：参观了凡尔赛宫和格雷万蜡像馆,拜访了毕加索。”

达利的回忆很精彩：

我当时激动万分，就像是受到罗马教皇的接见一样，在约定的时刻走进画家的大门。

“我还没有去参观卢浮宫，就先来拜访您！”

“您做得很对！”毕加索答道。

我带来了一幅小小的、仔细包好的画作《费格拉斯少女》，毕加索一言不发地看了它整整一刻钟，一秒不少。然后我们登楼到他的画室去，而他花了两个钟头来向我介绍他的作品：取出巨幅油画，摆在我的面前，一幅，一幅，又一幅。每当向我展示画作时，他都向我投来那种热烈、活跃而又智慧的目光，使我不由自主地发抖。而我也是一言不发。不过，在下楼梯的时候，我们对看了一眼，毕加索只用眼神问我："抓住本质了吗？"

我也用眼神回答："抓住了。"

但他们并没有成为朋友。毕加索的一生有很多段激烈的男女情感，达利似乎只有一段。菲奥雷拉·尼科西亚所著的《达利》一书中写道：

1929 年夏天，达利邂逅了超现实主义运动领袖保尔·艾吕雅的妻子加拉。加拉的出现让达利仿佛触电一般，她就好像是从达利梦中走出来的女人，由内而外都符合达利心中理想女神的模样。

加拉最终成了达利的妻子。加拉的父亲是一位俄罗斯的律师。加拉的身上既有女性独特的魅力，又有与众不同的自信和笃定。这是最吸引达利之处。

从此，加拉不仅经常出现在达利的画中，更是达利不断夸赞的女神。

"我爱加拉胜过我的母亲、我的父亲，胜过毕加索，甚至胜过金钱。

"事实上，她完全医好了我，因为在她的爱中，有一股桀骜不驯而又深不可测的力量：她那深邃的思想和面对生活的游刃有余要比任何玄乎其玄的精神疗法好上几千倍。"

尼科西亚分析道：

我们在达利的只言片语中都能感觉到加拉母性的光辉和对达利的保护欲，

比如达利曾说："在我进入梦乡之前，加拉会来亲吻我。这是我生命中最甜蜜的一个吻。"然而当达利面对加拉的美貌之时，纵使内心一片柔情，他也难掩情欲的冲动："她的身体还如孩童般稚嫩；肩膀犹如少年般富有张力；后背的轮廓清晰，尽显女性的美丽；在她那娇弱的身影上，上身的纤纤玉体挺拔而且富有活力，下身精致的臀部好像在她精细的保养下显得更加耀眼。眼前种种无不让我如痴如醉。"

但旁观者认为，加拉倔强地渴望把一切都抓在手心里，她在心灵上完全统治着达利，但其实达利也正需要被这样牢牢控制住。

艺术史家费德里科·泽瑞认识达利的时候，达利和加拉的婚姻已经快走到人生的尽头了。他评论道：

加拉既是萨尔瓦多·达利的妻子，也是他的母亲、挚友、顾问和守护他的天使。在他们两个人的相处过程中，一个性格脆弱的人（达利的内心其实极度的脆弱、缺乏安全感）在一个女人的身上找到了所有弥补他自身"缺陷"的方法。慢慢地，加拉就完全让达利沦陷了。最后，达利已经完全地依赖加拉。似乎是加拉把达利那精细、有时又令人焦灼的艺术提炼成一幅幅大同小异的画作，但在这些作品里反复出现的，都只是达利1935至1937年创作的特点而已。

1982年6月，87岁的加拉与世长辞。达利把自己关在送给加拉的普波尔城堡里，久久不曾离去。

1984年，达利的普波尔城堡的卧室发生了一场火灾，达利被严重烧伤。

1989年1月23日，达利去世。

4

凯文葛罗夫艺术博物馆1902年才开业，馆藏作品为当代收藏家的捐赠，博物馆有提香（Tiziano Vecellio，约1488—1576年）的《带到耶稣面前的通奸女子》和伦勃朗（Rembrandt Harmenszoon Van Rijn，1606—1669年）的《穿盔甲的男人》等古典主义作品，也有不少印象画派与现代艺术作品，如马蒂斯（Henri Matisse，1869—1954年）的《粉红色的桌布》。

我更感兴趣的是苏格兰当地画家的作品，这在其他地方博物馆一般是很少见的。

奥哈根写道：

我在孩提时代很关注本地杰出的艺术作品，这些苏格兰画家运用美丽鲜艳的色彩，使我深深向往凯文葛罗夫艺术博物馆。提香的画固然很美妙，但是这些色彩明亮的爱德华时代风格的画作，让我深深了解，伟大的博物馆不只是收藏珍贵的艺术品，它还能给人在视觉上带来焕然一新的看法。爱德华时代的苏格兰画家有卡德尔（Francis Cadell，1883—1937年）、弗格森（John Duncan Fergusson，1874—1961年）、佩普洛（Samuel John Peploe，1871—1935年）以及亨特（George Leslie Hunter，1877—1931年）。

我写的第一本小说是《父亲们》，小说里的主角叫吉米。小说的结尾，吉米和他的祖母玛格丽特坐在床上一起看一些图画，其中有一幅画是卡德尔的《红色的椅子》。祖母玛格丽特生长于色彩苍凉的北方高地，她说这些画是她看过最漂亮的画，百看不厌，就是因为这些画，祖母才会到苏格兰的南部。当我写到小说的这个部分时，我想到了自己到凯文葛罗夫艺术博物馆的旅途，看到卡德尔和其他苏格兰画家的作品。对我来说，这些画具备了美妙的现代感，

凯文葛罗夫艺术博物馆

我有时甚至翘课去美术馆，这些艺术品帮助我成长，激发我的潜力，让我对世界有了崭新的看法。

我最近又去造访凯文葛罗夫艺术博物馆，跟祖母不一样，她是往南走，我是从伦敦往北走，这次造访想深入地了解这些运用艳丽色彩的苏格兰画家，他们的画深深地影响了我的想法。这些画的题材通常能抚慰人的情绪，比如说，

《室内景致——橘色的窗帘》

（1925 年）

弗朗西斯·坎贝尔·布瓦洛·卡德尔

戴着宽边帽子的女子们，还有苏格兰外海赫布里底群岛的风景，或者阳光灿烂，或者下着雨。从某些角度来看，这些题材相当简单，但是他们的风格深深地打动了我。这些画家们生长的环境灰扑扑的，没有什么不寻常，但是他们去了法国，回来之后，颜色就变得灿烂多彩。人的想象力不会受限于法国，而是无远弗届。它不是局限于法国当地的餐点，可以转换成苏格兰的盛宴。苏格兰的画家到法国走一趟，回来就大不一样。

回到博物馆也是一个意识流的经验。如果离开了博物馆，这些艺术品还是会留在你的脑海里，然而博物馆地板的气味、大理石的触觉，只有当我回到博物馆来才能再次回味，有似曾相识的感觉。眼前这幅画是卡德尔的巨幅作品《室内景致——橘色的窗帘》。这幅画里的女士坐在绿色的长椅上，她白色的面孔永恒而神秘。她身后的一名男子在阴影里弹钢琴，因为橘色窗帘的反照，黑色钢琴的侧面变成温暖的红色，女士前面的小桌上，安置着杯盘和银色的茶壶，这一切所展现出的优雅一刻，只能在画中呈现。

回到一楼约翰·拉弗雷爵士画的安娜·巴甫洛娃（20世纪初芭蕾舞坛巨星）巨幅肖像画，将近两米高。我看到苏格兰画家这类色彩明艳的作品，心里也会燃起熊熊的热情。画中舞者安娜把她橘色的丝巾抛在头顶上，身躯后仰，她的舞姿充满了生命力，经过100年依然韵味十足。当然这幅画是出于格拉斯哥的画家之手，但我的眼睛注意到的是画家的姓氏：拉弗雷。我那个经营鱼铺子的祖母，她的全名是茉莉·拉弗雷。祖母的父亲是克莱德河地区的足球队员，她的舅舅死于第一次世界大战著名的索姆河战役。他们家里没有书籍也没有画作，但是都有一个想法，族人约翰·拉弗雷让格拉斯哥认识这个世界，不经意地多多少少也让这个世界认识到格拉斯哥。

格拉斯哥大教堂

5

下午去格拉斯哥大教堂（Glasgow Cathedral，建于 12 世纪早期，历时 300 年完工），是哥特式教堂的典范。在苏格兰宗教改革大破坏中，它是唯一一座保存下来的中世纪大教堂。这座大教堂建立在 6 世纪的教堂遗址上，相传圣蒙哥（St. Mungo，格拉斯哥守护神）根据神的旨意，坐在套有两头牛的牛车上往远方走去，最后在“绿草如茵的地方”停下了，这也是格拉斯哥凯尔特语“Glascu”的意思。在大教堂门口，百年前建筑的朴素与随性就很吸引人。其实，格拉斯哥有意思的房子随处可见，比如大教堂附近的一间红褐色的旅店。

红褐色的旅店

我被大教堂的侧面外观所震撼，它极为简朴，却有着鲜亮的绿色屋顶，后者突然点亮了灰暗的教堂。

大教堂旁的氛围也让人肃然起敬。

格拉斯哥大教堂

格拉斯哥大教堂

走进大教堂内部，奇光闪耀。

顺着楼梯可以走进低教堂，也就是地下室，完全是中世纪的风格，古朴大方，让你感到圣灵的存在。低教堂地底有圣蒙哥墓穴，它曾是中世纪著名的朝圣中心。

格拉斯哥大教堂的彩绘玻璃

教堂的后面，是后山上的墓地。教堂周边的墓地司空见惯，但是像这般将墓地延伸为一大片，并自成一格的很少见。从墓地回望，教堂的形象更为清晰。

这里是格拉斯哥公墓（Glasgow Necropolis），是维多利亚女王时代的墓地。“Necropolis”源于希腊语，意为“死者之城”。有5万人埋葬于此，

目前竖立着大约 3500 座纪念碑。

公墓里最高的纪念碑在小丘顶上，以纪念苏格兰宗教改革领导人约翰·诺克斯（John Knox，1513—1572 年），但是他的墓地不在这里。

关于诺克斯和他的长老会，赫尔曼有一段精辟的评论：

安息在这里的除了商人、发明家、造船家、科学家以外，更多的是牧师和神职人员，他们一生致力于传播"神爱世人"的福音。

16 世纪约翰·诺克斯在苏格兰推行的宗教革命中既留下了光荣的遗产，也留下了苦难的记忆。真正的信仰战胜了罗马天主教会的腐败势力，代价却是长达一个世纪不间断的血雨腥风，苏格兰被弄得四分五裂，各种政治动乱、内战、外邦入侵、宗教迫害和镇压一波未平一波又起，苏格兰教会不得不与已站稳脚跟的各种政治势力进行残酷的斗争。为了维护长老会教派的信仰，苏格兰的玛丽女王丢了王位，查理一世被砍头，詹姆斯二世被驱逐。

我在《思想英国》中写过这三位国王的命运，玛丽女王其实就是被诺克斯赶下台，逃到英格兰，最后殒命的。按理说，后两位英国国王都是从苏格兰出去的斯图亚特王朝后代，虽然苏格兰与英格兰关系一直紧张，但为什么他们也遭到苏格兰人的反抗？特别是查理一世，如果不是苏格兰人揭竿而起，他在英格兰是不会被当地乡绅推翻的。这里的关键就是，他们都得罪了苏格兰的长老教会，因其推行的天主教与长老教会信仰的不相容。

年轻的时候，读这段历史总是疑惑，后来从宗教冲突着眼，问题迎刃而解。

看着格拉斯哥公墓壮观的场景，又让我想起中国与西方在死亡观上的区别。大部分中国人每年扫一次墓，向归天的亲属问安，其余的时间几乎不去墓地。西方人对墓地却没那么忌讳。

这次给我最生动的体会是看见两位年轻人在墓地聊天，旁若无人。

微信朋友圈的精彩留言：

“爱情穿越死亡”“‘西方人视死如归’，这句话是真的，因为宗教信仰，他们认为死了就可以和上帝在一起了。在英国，墓地附近的房价都比较高，因为他们认为那是距离上帝最近的地方。我闺女在英国学芭蕾时，那位老师家就在墓地旁边，一开始有几个月都在她家上课。老师家和墓地只有一条马路之隔，马路东边是巨大的墓园，马路西边就是她家的房子。第一次去上课时，我们三个人心里好忐忑，后来就好了”“墓地造型各异，草坪间距开阔，有世俗townhouses 的布局感”。

格拉斯哥公墓

乔治广场四周维多利亚时期的建筑

6

走走格拉斯哥市中心繁华的商业街吧。

街上的建筑给人很高很厚实的感觉，而且占地面积很大。在我的记忆中，爱丁堡的建筑根本无法与格拉斯哥的大规模建筑相比拟。

黄昏时分，我们来到乔治广场（George Square）。眼界甚高的畅销书作家比尔·布莱森（Bill Bryson）认为它是“英国最漂亮的广场，市政厅装饰精美考究，还有一本正经的维多利亚时代建筑”。这里有不少名人雕塑，如诗人彭斯、蒸汽引擎的发明人瓦特、历史小说家司各特和维多利亚女王等。

但我的兴趣在一座骑马的雕像上。我记得格拉斯哥有一座 1844 年落成的

BANK OF SCOTLAND
BANK OF SCOTLAND

TO LET
PREZZO
PREZZO

乔治广场上的雕塑

惠灵顿公爵的骑马雕像，头上经常戴着一个锥形的红色塑料交通路障物。多年来，当局经常派人拆除公爵头上的“帽子”，但是新的锥体很快又戴上了。

如今，这个头戴锥体的骑马雕像已经成了格拉斯哥独特的风景线。

今天锥体怎么被扔在马的身旁了？

我觉得有必要见义勇为，自己爬上去给公爵戴上帽子。

但我和胡杨在雕塑旁反复转悠，雕像的基座很高，没有途径上去给公爵戴帽子啊。

即便有办法，广场旁边还有警车呢。我一冲动，不就成了新闻人物？于是作罢。

晚上回到民宿，看着墙上戴锥体的骑马雕塑的画，恍然大悟，我搞错了。原来正宗的惠灵顿公爵骑马雕塑在格拉斯哥现代艺术美术馆前面的皇后街的人行道上。

晚上在大街上的一家餐厅我们吃了一顿考究的晚餐，胡杨观察到，来这里吃喝的都是当地人，靠谱。味道确实不错，海鲜与肉类俱佳，尤其是苏格兰羊肩肉特别入味，人均消费也只要 300 元人民币。

第三章 | Chapter 3

格伦科峡谷

GLENCOE

绿雨靴休息站

纽瓦克城堡

格伦科峡谷

格伦科小镇

1

来格拉斯哥的第二天早晨，有朋友留言："以前认识一位外国朋友，他就毕业于格拉斯哥大学，之后留在格拉斯哥工作，后来到中国当外教。每次见到他，穿衣搭配得体，有一种绅士风格。看了你的分享，我才明白，原来跟他所处的环境有关。"

一大早，胡杨与我驱车几十公里到格拉斯哥郊外，沿着克莱德河开到入海口，还与一座古堡相遇，很有意思。我们看到标示牌的介绍，才知它叫纽瓦克城堡（Newark Castle）。

纽瓦克城堡

纽瓦克城堡

纽瓦克城堡是一座保存完好的城堡，位于格拉斯哥港克莱德河入海口的南岸。在那里，克莱德河的河口逐渐缩小，上游的航行因沙洲而变得困难。几个世纪以来，这里一直被用于远洋船只卸货地，格拉斯哥港靠近城堡的两侧和南面。后来由于疏浚技术的提高，船只得以从克莱德河通航到格拉斯哥，港口变成了造船中心，整座城堡被船厂所包围。弗格森造船厂是克莱德河下游的最后一座造船厂，位于城堡的西面，但在20世纪80年代前后，位于城堡东侧的部分被拆除，取而代之的是新风景区。

正如《孤独星球》（*Lonely Planet*）系列图书的《英国》所言：

18世纪，格拉斯哥成为欧洲与北美贸易的重要中心，很多烟草贸易都是通过克莱德河沿岸的码头完成，贸易带来的巨大财富使得格拉斯哥开始繁荣发展。进入19世纪，格拉斯哥成为造船业、重工业、煤矿和钢铁行业中心，继续繁荣发展。在格拉斯哥鼎盛时期，世界上几乎没有哪个国家的蒸汽机船上没有烙上“克莱德制造”的标志。

20世纪前半叶，格拉斯哥是英国的军火工业中心，为两次世界大战供应武器和船只。战后，码头和重工业开始萎缩，到20世纪70年代早期，格拉斯哥陷入了终结性的衰退。

比尔·布莱森也评论道：

我记得1973年来格拉斯哥时，也是在这个火车站下车，望着眼前这座被煤烟熏得漆黑而令人窒息的城市，我深感震惊。我还从来没见过哪座城市如此压抑，每样东西都黑乎乎的，毫无生趣，就连当地的口音听上去也像是从铁渣和沙砾里冒出来的一样。圣蒙哥大教堂（即格拉斯哥大教堂）也是黑黢黢的，就算是从马路对面看过去也像是平面剪纸。那时候没有游客到这里来，一个都没有。我那本《遨游》欧洲旅行指南甚至都没提到格拉斯哥。

接下来的几十年里，格拉斯哥经历了华丽的转变过程。市中心的几十幢老建筑以喷砂清洁后再仔细磨光，使花岗岩表面再度闪耀一新。20世纪80年代的繁荣时期又建起了几十幢新大楼——单是这些新写字楼的价值就超过10亿英镑。这里还有布雷尔收藏馆（Burrell Collection）——全世界最好的美术馆之一，以及王子广场购物中心，后者是这座城市最具智慧的旧城改造项目之一。一座昔日荒废的庭院如今成为空间紧凑、采光通风良好的城市购物广场。突然间，人们从四面八方来到这里，满心欢喜地发现这座城市密布着精彩的博物馆、活跃的酒吧、世界一流的交响乐团、70多座公园，比同类欧洲城市胜出许多。1990年，格拉斯哥被誉为“欧洲文化名城”，没有遭到一个人嘲笑。从未见过一座城市的名声经历过如此剧烈而又骤然的转变，并且在我看来，没有哪座城市更符合这个美名了。

几十年来，中国的许多城市也发生了翻天覆地的变化，可也不要忽视其他地方城市的变化。2018 年我遇到一位家乡在马赛的法国人，聊起我 2000 年曾去过那里，给我的感觉是破旧不堪。可这位法国人说马赛已经大变，我不敢相信。后来看到今日马赛的照片，好像确实改变不少。

2

我们开车回格拉斯哥民宿，在高架道路上忽然看到河边湿地有一种云遮雾障的迷离感。胡杨说，这种景象只在电影大片中看到过，太神奇了。我看的电影很少，这种场面从来没见过，甚是惊喜。高架道路上车流滚滚，根本无法停下来欣赏。我们也找不到下去的车道，只能眼睁睁地看着美景离我们而去。

我心里一直惦记着这个地方，可又不知道它叫什么，只能将美景留存在记忆中了。

没想到的是，我们在后面的苏格兰旅程中经常邂逅这类不知名的美景，有时留下影像，有时匆匆而过。就像曾几何时，有位美少女最后回头朝我莞尔一笑，然后不见。

魂牵梦绕。

3

我们在公寓吃完早餐后，离开格拉斯哥。

如果按我过去的走读习惯，我至少还会在格拉斯哥待两天。

可我决心突破自己，不再过多地涉足大城市的人文历史。格拉斯哥凯文葛罗夫艺术博物馆，是我此次苏格兰之行唯一要去的综合博物馆。

我希望花更多的时间与精力亲近大自然。

与人文景观相比，自然景观更难描摹。人文景观可以有大量文献资料参考，自然景观却要每个人用心感受、用情交流。虽然有许多描写风景秀丽美好的成语可用，但无法表达当事人在场的真切感受。这次苏格兰高地—英格兰乡村之旅是我做计划最不仔细的一次。以往每次出行前，我都会一遍遍改进行程，要在最短的时间内把最值得的东西看完。这其实是我非常喜欢的。

这种貌似认真完善的玩法，其实也透支了我对要看景物的好奇与未知感。而且总是让同行的人很紧张，他们没法理解后面竟然还有好多的内容要安排。

我这次只是大致规划，不再苛求自己每一步都要到位，每一个重要景点都必须到达。

格拉斯哥街景

我希望有更多意外的惊喜、意外的发现、意外的相遇。

世界太大了，只有职业旅行家可以环游世界，而我们一生只能去为数不多的地方。我不是按照人们认为必去的景点和国家来安排行程，而是按照心境与心灵的感应去寻找下一个目的地。

旅行最方便的方式就是去纽约、伦敦和巴黎这类大城市，找一个酒店住下，每天步行或乘地铁，玩个十天半个月。

还有我在过去的走读里经常谈到的大本营策略：在一个地区的主要城市找一个酒店住下，然后辐射周边各地，一地一日游。

但我们这次玩的乡村分布很散，大本营策略基本失效，只能边走边看。

4

继续北上，朝威廉堡（Fort William）出发。

胡杨喜欢开车，乐在其中。英国与中国的驾驶规则相反，胡杨稍稍习惯，也就适应了。他觉得格拉斯哥的交通规则比美国旧金山还要复杂。我觉得也是，格拉斯哥路口的红绿灯设置有时会让我们困惑不已。

还有就是英国的司机开车非常急躁（或者说水平很高），我们开得比较慢，他们不是在后面猛按喇叭，就是急速地超车而去。

胡杨去年在美国自驾过，他说："美国西海岸的司机太友好了，不管你开得有多慢，后面的车都不紧不慢地跟着，一点不着急。"

我们今天刚上路就遇到了考验。苏格兰的道路非常狭窄，而我们开的又是 7 人座的大众车。最绝望的是，对面来车，经常不减速，横冲直撞。

胡杨这位老司机紧张得一身汗，只得全神贯注地开车。但他还是开得太靠左，一次车擦了马路牙子，还有一次轮胎陷在了右面的坑里，他用力纠偏，车又滑过了行车线，如果对面正好有车，可就麻烦了。

不过，要是我来开的话，麻烦会更多。

当然，我觉得苏格兰的司机虽然开车猛，但水平确实很好。

我记得几年前一对法国父子陪我在勃艮第寻找上佳的葡萄酒，也是在高速公路上疾驶。儿子年轻力壮，车技自然好。老父亲已经 70 多岁，中午还喝了点酒，不断在打瞌睡，却不允许他的车前面有任何车辆，一路上奋力超车，吓得我在后面又是哼歌又是弄出响声，但对方根本没感觉。

关于在英国开车，好友们的建议就十分实用了：

“在英国开车，确保安全的情况下，该快的时候，需要快，比如限速 30 英里（约 48 公里）的道路，基本上不能低于时速 25 英里（约 40 公里），否则后面的人就会催。该慢的时候，需要慢，比如会车或在很窄的路上需要让车时，大家都会谦让。”

“乡村的不限速公路，时速要到 50 英里（约 80 公里）。如果路况不太熟悉，开得慢的话，尽可能在路宽的地方，打左转向灯靠边停一下，让一让后面的车。当然，开车最基本的原则是安全第一 。”

“严格按照路边限速规定行驶，进入城镇后时速不能超过 30 英里。切记不要占道行驶，非常危险。即使在很窄的道路上对面的大卡车也不会减速，只要在自己的车道上都很安全。提前注意路面和路上标记变道，通常道路指示都非常清晰。过环岛要特别小心，让右边的车或对面右转的车。英国路窄，右驾左行需要习惯。记住一条：如果在双向单车道上，驾驶员始终靠中线，就不会错。”

还有一位朋友感叹：“我们第一次在苏格兰自驾游，因为上了几次马路牙子，轮胎有擦伤，回国后还收到维修费用账单。英国司机开车太猛了，被他们超车是经常的事！”

绿雨靴休息站的房车露营地

5

我们在绿雨靴休息站（The Green Welly Stop）休整，它在通往北部的主要道路 A82 沿途。

我在休息站后面的绿草地上看到大量的帐篷和房车，还有一排大型洗衣机和烘干机。

这应该是房车的露营地了。

我第一次看到房车的露营地是 2000 年游学法国时在格勒诺布尔大学宿舍的后面。我很羡慕这些房车主的逍遥生活，可我知道自己和他们至少差了一个时代。

1988 年我大学毕业，在上海思南路第六电表厂的车间做工艺员。我在车间办公室看美国当代作家厄普代克（John Updike，1932—2009 年）的《兔子，跑吧》。“兔子”是一名 20 世纪 50 年代的青年，他与妻子争吵后，开着汽车离开家，往外面的公路开去。我当时非常压抑，很想似他那般开辆车去外地地公路兜兜。

直到 2000 年我才有了自己的私家车。当时高档的私家车比较少见，我也因此受到所在电视台领导的嫉妒，因为他们只有单位提供的公车。

所以，那时候我看到法国的房车基地，会觉得隔了一个时代。

2000 年，也是我第一次来欧洲。记得我们先到巴黎，然后乘火车去里昂，再坐大巴去格勒诺布尔。我们在休息站停下来，我很兴奋地在店里搜索各种商品，尤其是杂志。

这 20 年来，我奋力走读世界，一步步接近这个地球上最有趣的同代人。我在前面提到了英国当代作家奥哈根，他在 1981 年 13 岁的时候参观了格拉斯哥的凯文葛罗夫美术馆，看到了欧洲艺术的经典绘画；1982 年，我 16 岁，卢浮宫特展在上海举办，那时中国刚刚改革开放，这类画展一票难求。我记得下午请假去看画展，我的中学数学老师用一种不以为然的眼神看着我。我至今不明白，是他认为卢浮宫画展不值得一看，还是认为我根本看不懂？我承认我只记得当时展厅里人太多，空气浑浊，让我透不过气来。但有一幅画，我至今记得清清楚楚，那就是法国大革命时代的画家大卫的《马拉之死》。直到 30 多年后的 2017 年，我在比利时布鲁塞尔美术馆再次看到《马拉之死》。当年的场景奇迹般地重现了，画作一点都没有变化，只是我从一位少年，变成中年人了。

我 1984 年读大学，开始接触包括欧洲艺术在内的西方文化，但读的几乎都是画册，直到 2000 年才第一次去巴黎，看卢浮宫和蓬皮杜艺术中心等博物馆。此后便一发而不可收，一直如痴如醉地汲取西方文化和艺术。

所以，当我最近看到同时代的奥哈根对格拉斯哥凯文葛罗夫美术馆的描绘时，虽然写得很好，可我已经没有什么陌生感和惊奇了。我想我可以很轻松地与奥哈根对话。

但我不确定有没有一天我会睡在房车里，在大自然中过夜。

胡杨则自信，他会带着老婆与两个女儿，开着房车，在欧美的广阔大地上行驶。

可不，被苏格兰交通明显弄得不爽的胡杨在商店门口痛快地吃着酸辣油炸品。他一直以来的梦想就是去加拿大当个农场主。

刚才他在店里买了一份英国《农场主》杂志后，目标似乎有所转移，因为格拉斯哥附近的农场只要不到 100 万英镑就能买到，还附送 6 居室大房子。

这种事我总是非常赞同的。

有些不爽的胡杨同学

在营地中心穿传统苏格兰裙的年轻人

6

我一直在看天气，苏格兰高地天气变化无常是出了名的，天气预报告知当地将有大雨，不过我早有准备。我们主要行驶在苏格兰最美的 82 号公路上，处处是景。

到了著名的格伦科峡谷（Glencoe），景色更是荒寒厚重。风雨如注，我们从上到下，全都湿透。

我们看到了号称“三姐妹”的三座连绵山脉，也看到了小溪和瀑布，但大雨之下，到处湿漉漉的。

格伦科峡谷

峡谷的风雨忽大忽小，偶尔雨停。我们怀疑自己就在一大团云旁，云来了，我们湿透了；云走了，我们自由了。

在一处有桥有水有房子的田园风光之地，雨似乎停了。我赶紧走过去，没想到风雨突然而至，而且是我当天经历的最大的一场暴雨。

原本想退回车内，但见到远方有一群羊儿在吃草，这让我想起多年前在挪威峡湾的某个清晨，我也是在青山绿水中走向一群羊，那日是蓝天白云。

于是，我还是叫着羊啊羊啊，朝它们走去。

有好友私信我，让我快回住处，洗个澡，暖暖身子。我也知道旅途刚刚开始，若感冒发烧的话，意味着什么。可这时一股激情让我不能自已，还是去看看它们吧！

风雨交加的峡谷，很难摄影，我索性利用微信小视频，开始在朋友圈做起一段段直播。我想通过小视频留住自己的记忆。我后来再看视频，发现外面的风雨声确实过大，听不清自己的声音。可我还是觉得应该高兴地发声，这也是一种记忆。朋友圈好友留言：

格伦科峡谷

“主编兴奋的声音完全盖住高地嗖嗖的风声，专业解说员！”“跟着主编隔着微信隔山隔水跨海游英国，赞赞赞赞赞！”“我儿子说这里很像《圆梦巨人》里的场景”“童真童趣的声音，在高冷的美景下是一道阳光”“雾气蒸腾，很仙境”“荒蛮之地”“主编悠着点，当心心脏”“风雨声呼啸中，我们仿佛身临其境”“敬业的忘我精神”“好可惜，主编你不打高尔夫，那里有世界上最好的球场”“这里会有一些徒步的人出没在大山之中，主编看到了吗？”“空旷的高地上没有一点障眼的建筑，呈现的是大自然的鬼斧神工！”“主编，你被自己萌化了”“隔着屏幕都能感觉到主编的开心”“看了好几遍，震撼得让人颤抖”“远距离地体会主编的激动，比看视频更直接地表达出苏格兰高地的美”“主编变主播了”“主编真是热爱自然、热爱生活之人”“更喜欢视频，可惜时间太短”“有中国山水画的风格，美极了”“自然野趣”“羊听得懂中文吗？”“也不回眸看一眼，骄傲地扭着小肥臀走了”“主编来个上海闲话版的吧”。

格伦科峡谷

“看主编这么多激动的视频，暗暗决定，一定要去一趟苏格兰高地”“主编高歌《友谊地久天长》，羊们一定会回应你”“人间仙境，羊的出现真是点睛之笔”“哈哈哈，景色太美，大作累累的主编激动到现在的词语只有‘羊’”“没想到7月的高地天气也是一如既往的变化莫测。想象一下到了冬天，会是怎样一番景象？”“风景独好”“英伦风衣、绅士的长柄伞，是一直印在脑海中的画面”“有机会也带父母自驾，太美了！”“这才是真正的旅行！”“去年走的应该是和您相同的路线”“孩子似的神情，保持激情和活力”“发声音好，正因为发声音才有激情，有感染力”“能感受到主编的兴奋之情溢于言表”“闻到现场的花香和青草味”“视频给人的现场感更足”“主编的即兴解说时而平缓，时而激情，使得视频更加精彩，效果非常好”。

7

不知不觉中，我们竟然驶出了格伦科峡谷。

天气放晴，我很想再去一次峡谷，看看雨后的景色会是如何。

面前的格伦科小镇漂亮得有些不真实，有些类似我们曾在荷兰看到的羊角村，它们往往是旅游性质的。

小镇上的花园大多是典型的英式，它们与规整几何式的法国花园不同，强调自然趣味，生机勃勃。

格伦科小镇

格伦科小镇

乡村小教堂旁边有家小书店，无人值守，你主动捐献一欧元，就能买到一本不错的书。

小镇上的一些房子白墙黑瓦，有点江南水乡的味道。

我们在小镇唯一的咖啡屋喝了杯茶，暖一下被暴雨淋湿的身体。

下午 5 点，咖啡屋关门，我们走到小镇上。小镇还是那么宁静，空无一人。

走着走着，我忽然发现有位大胡子老先生在自家花园内，扶着栅栏，好奇地看着我们。一只狗在他身边转悠。

走过去与他聊聊吧。

老先生说他和家人曾在香港住了半年，香港什么都好，就是麦当劳吃多了容易发胖。

我到现在还很纳闷，香港好吃的东西多着呢，干吗去吃麦当劳？

可能老先生不爱吃中餐，只能去吃麦当劳？可香港的西餐也不错啊！

格伦科小镇

镇上有一家白墙金色草皮屋顶的平房，与众不同，是一座展示当地历史的博物馆。

老先生说“格伦科惨案”的后人还住在这间屋子里。

“格伦科惨案”非常著名，几乎每本涉及格伦科峡谷的旅游书都有所提及。

8

1688 年 11 月，荷兰的奥兰治亲王威廉与王妃玛丽（英格兰国王詹姆斯二世的长女）在英格兰六位贵族的邀请下，率领庞大的舰队渡海，入侵英格兰。詹姆斯二世很快认输，逃离英格兰。第二年，威廉夫妇被加冕为威廉三世和玛丽二世，史称“光荣革命”。

光荣革命的功绩在于再次确立英国议会拥有最高权威，但还是有不少人表示不服。无家可归的詹姆斯二世于 1689 年 3 月在爱尔兰登陆，他拥有法国的兵力和资金的支持，意在掀起英国内战。威廉三世花了整整一年的时间才打败詹姆斯二世。

威廉三世发现生活在高地上的三分之一苏格兰人仍然对他的政权表示漠然。西蒙·沙玛（Simon Schama）的《英国史Ⅱ：不列颠的战争 1603—1776》中写道：

1689 年 7 月 27 日，在苏格兰格兰皮恩东南的基利克兰克河谷，第一任邓迪子爵约翰·格雷厄姆顽固又伤感地忠于詹姆斯二世国王。他带领着 2000 个高地勇士，其中一些还赤着脚，冲下山坡，对阵威廉三世方面的 4000 名火枪手和龙骑兵。10 分钟之内，包括邓迪子爵在内的 600 个高地人死于一阵训练有素的射击之下，但就在这 10 分钟里，他们已经尽可能多地砍死敌人，当火枪手们在笨拙地轮换填装子弹时，高地人的双刃大刀明晃晃地向他们的头顶砍过去。

基利克兰克河谷一战以及桀骜不驯的高地人的继续反抗令朝野震惊，促使威廉三世在苏格兰的同盟特别是坎贝尔家族（Campell）下决心要迫使其他苏格兰宗族就范——采取软硬兼施的手段，看哪里的人能感化，什么地方的乡下佬需要高压加屠杀。

1690 年夏天，威廉三世派出一艘战舰从阿尔斯特（Ulster）出发，驶过赫布里底群岛，下令烧毁还在支持詹姆斯二世的村庄，杀死那些留在当地的村民。在埃格岛上，由于所有男人都在苏格兰陆地上战斗，留在岛上的妇女都被先奸后杀。

沙玛继续叙述道：

1691 年 8 月，这场战事的主要将领布雷多尔本伯爵发布命令，规定 1692

年 1 月 1 日将是所有苏格兰人正式表示服从威廉国王行动的最后截止日期。也许是给定的时间太长了，部分苏格兰宗族首领在威廉堡总督约翰·希尔上校、爵士的敦促下，向地方官表示了效忠的请求，但还是有人坚持到了最后，希望等到詹姆斯二世创造军事奇迹。仍有一些人在做良心上的挣扎，其中之一就是格伦科的麦克唐纳家族（MacDonalds），是坚决支持詹姆斯二世的苏格兰宗族之一。其首领第十二任格伦科族长阿拉斯代尔·麦克唐纳（Alasdair Macdonald）曾在基利克兰克河谷一战中参加过战斗，所以他一直观望——最后结果表明麦克唐纳的拖延严重，布雷多尔本决定拿他杀鸡儆猴。以当时的地理及兵力状况来说，如果要制造流血的恐怖效应，可以说是万无一失——从林尼峡湾旁边加了尖栅栏的新威廉堡派出 800 名士兵，去火烧南边 13 公里外的格伦科，那里 600 名绝大部分手无寸铁的村民散居在山谷中的小块田地上。而且没有人会知悉此事，因为军队可以事先封锁两旁都是峭壁的山谷通道。

麦克唐纳拖到最后一天才去地方官那里报道，自此布雷多尔本的这些精心盘算开始走样。麦克唐纳原本希望得到远在法国的詹姆斯二世宫廷的允诺，解除他对詹姆斯二世的效忠誓言，可一直等到最后一刻也没有片言只语到来，而时钟不祥地朝着新年“滴嗒滴嗒”地前进。最后麦克唐纳踏上了旧时的高地之路，向西翻过本尼维斯山，在 12 月 31 日来到威廉堡，准备向新国王威廉三世表示归顺。但地方官希尔上校声称自己没有得到监督宣誓的授权，告诉他来错地方了，把他打发走。麦克唐纳踏着深深的积雪，往南穿过西部的阿盖尔高地，向法恩湖边的因弗雷里进发。由于一路上的耽搁，麦克唐纳于次年 1 月 2 日才出现在因弗雷里，晚了一天。希尔上校之前给了麦克唐纳一封信，转交阿盖尔郡长阿德金格拉斯的考林爵士，告诉爵士说即使麦克唐纳晚到了，也能够接受“伟大的格伦科迷途羔羊”前来效忠。但是考林爵士当天不在，直到1月6日他才勉强接受了麦克唐纳的宣誓，并不祥地警告麦克唐纳，只有爱丁堡的国王私人枢密院才能裁决他的效忠是否合法。

一天后，威廉三世的苏格兰大臣“斯泰尔老板”约翰·达尔林普尔给首席将军写信，确认下令杀掉那些没有顺从的地方首领：“格伦科没有起誓，令人高兴的是消灭这一窝盗贼就能适当地向公众澄清正义……对全民族来说，把那个盗贼的部落斩草除根是巨大优势。必须悄悄地行动，否则他们会连人带畜一起转移……要做到秘密突击。”1月16日，布雷多尔本签署了杀戮令。

9

2月1日，120名士兵以收税为名进驻格伦科，他们的军官罗伯特·格兰里恩上尉是坎贝尔家族的人，但他和他的手下中很多人都是麦克唐纳家族的远亲。苏格兰高地民族的传统是主人必须款待来访者；整整10天，这批军官士兵被安排住下、取暖，好吃好喝，而屋外是苏格兰高地的寒冬。12日送来的一个命令，要求格兰里恩“开始进攻叛乱者格伦科的麦克唐纳家族，70岁以下的格杀勿论”。

凌晨5点，在冰冷的黑暗中，格兰里恩的队伍至少杀了35个热情款待他们的主人。老族长伊恩·麦克唐纳正在起床穿衣时被人从背后射死，他的遗孀被抢去耳环，衣服被剥光，其他很多妇女（也被扒光衣服）和孩子因为这样暴露在冰天雪地里而死去，伊恩·麦克唐纳的儿子们救下了族长夫人。格兰里恩让部下射杀了9个人，自己用刺刀“仁慈地”戳死他们。有一刻他曾良心发现要保护一个小男孩，但士兵射杀了孩子，说留个活口就是后患，他们在死尸上泼了粪便，把牲口牵进了山。但是更多的村民逃走了——因为部队没有封住山谷两端，屠杀的故事于是传播开来。

伦敦和爱丁堡两地随后爆发了各人撇清然后紧接着伪善悔过的表演，特别是那些要直接或间接为此事此负责的人，这时大家称这一行动是“委托屠杀”。格伦科大屠杀震惊了苏格兰议会，在爱丁堡的荷里路德宫进行强制调查，布雷多尔本和“斯泰尔老板”成了这次完全由官方预谋的谋杀的替罪羊。

沙玛评论道：

对一切没有及时察觉到暗示和危险的人来说，可能将会大祸临头；如果能套用现代管理术语的话，“哭泣山谷”格伦科石楠草地上的凌晨大屠杀预示了整个不列颠帝国的标准操作实践。以后的两个世纪里，在美洲、亚洲、非洲，类似的事情发生了无数次。帝国给予“落后人民”合作的机会，如果能接受，就欢迎他们在现代化企业中分赃，乃至于成为合伙人；如果他们拒绝——那就把他们标识为非理性——就是自取灭亡。17世纪90年代，不能简单地设想英格兰人与苏格兰人是两个对立的社会，然后说反詹姆斯二世的苏格兰人在当中扮演了南方英格兰人殖民势力的没有节操的密友角色，因为这是发生在苏格兰内部的两种文化矛盾的重大冲突：一种基于古老的荣誉和血缘关系的责任，另一种积极追求利益和利润。有先见之明的人已经预测到，在即将到来的下个世纪，这些社会团体之间的某种战争高潮也许马上就要到来。但是，永远都无法预料的是接下来发生了如此惊人的彻底蜕变，使苏格兰从英格兰的牺牲品变成了不列颠帝国的支柱，不列颠的倒霉鬼华丽转身，成了英格兰最活力充足且最有进取心的工作伙伴。

格伦科镇的那位老先生则说，麦克唐纳的后人到美国创立了麦当劳。

第四章 | Chapter 4

利文湖、格伦科湖和进岛之路

LOCH LEVEN
GLENCOE LOCHAN
ENTRY TO THE ISLAND

森林中的小木屋

利文湖

格伦科湖

阿平港

1

按照我过去走读的惯例，经过格伦科峡谷后，本应在交通据点威廉堡住宿。不过我们这次自己开车，于是在利文湖（Loch Leven）附近找了一家树林中的小木屋（民宿）住了两晚。

小木屋内铺着地毯，温馨舒适。

我们后来也没有去威廉堡，因为各大旅游指南对它的评价都不高。附近的本尼维斯山倒是可以去看看，毕竟是英国最高的山峰（海拔 1343 米），但我没有考虑去攀爬它，因此忽略了。

苏格兰多山，整个不列颠群岛有 2000 多座高山，其中 1200 多座在苏格兰。

当然，即便是本尼维斯山，海拔也不到 1500 米。苏格兰高地不是高原，

利文湖民宿

却有着高原的奇幻景色。高原再美，我们这些常年住在平原的人也会不适应。

我 30 岁去西藏高原，那时身体好，完全没当回事。但 2019 年初去海拔 2000 米以上的墨西哥城和墨西哥中部的瓜纳华托时，身体已经感到有些吃力，尤其在我喝了不少酒之后。这次在苏格兰高地，酒喝得更多，往往是喝完葡萄酒接着喝威士忌，但没有明显的不适。

2

我们在小木屋放好行李，便去利文湖边的一家海鲜餐厅晚餐。两大盆海鲜，分热的和冷的，无比丰盛，不到 200 欧元，四个人根本吃不完，打包回去深夜喝酒时继续吃。

晚餐后，已快 9 点。我们开车绕着利文湖走，见有一处观景效果极佳，便将车停下，穿过马路，发现还要越过一块绿地才能接近湖边。我毫不犹豫地打开木栅栏，往湖边走。

这时，湖光山色突然变得绚丽迷离，天空先是变蓝，然后出现金光，像打翻了的颜料盘，任意挥洒。

最后天色渐渐暗下去，画面如泣如诉，已非诗意仙境可以形容。

第二天，房东太太果然向我们推荐这里，说是绝佳的观景点。

朋友圈好友的评论是：

利文湖边的海鲜餐厅

“草还是黄绿相间的？感觉更像初春季节，这样的美景无须多言，坐看云卷云舒”“想起英国大师透纳的画，那个光、云与周边自然景色的融合”“感觉随时可以遇见下凡的仙女”。

3

深夜，胡杨已经睡去，我则一边将白天的感受与照片放入朋友圈，一边喝酒吃海鲜。

我想在户外阳台感受一下深夜湖边的清冽，可刚坐下，就觉得脸上奇痒难忍。我开始以为是蜘蛛网，后来发现是一种很细小的黑虫，突然想起今天黄昏时分在树林里看到露营的人戴着丝质面罩，当时以为他们是开玩笑的，现在明白是为了防范这类小虫。

我后来查资料得知，这种体长仅 3 毫米的黑虫被称为“高地之蚊”，平常不吸血，但雌虫在每年 6 至 8 月产卵期需要一些血液，多聚集在水源附近，活动时间多为清晨和晚上 10 点左右。

还好我可以逃到屋子里去，若是露营的话，如果被高地之蚊成群结队地猛咬，非疯了不可。高地之蚊的著名程度不亚于苏格兰方格裙。

防蚊产品和驱蚊剂也只能起到一定的作用。

据闻伏翼蝙蝠（pipistrelle bat）每晚能吃掉 3000 只高地之蚊，这种蝙蝠属于苏格兰十大珍稀哺乳动物，伤害它是违法的。

其他苏格兰珍稀哺乳动物还有：梅花鹿[维多利亚时期从东方引入不列颠群岛)；獾；斑海豹（欧洲有 83000 只，大约三分之一生活在苏格兰水域）；抹香鲸；水獭；松貂（长相可爱但性情凶猛，体型跟猫差不多，十分擅长捕食松鼠）；苏格兰本土红松鼠；水鼩[在著名的童话书《柳林风声》中，这种动物经常被误认为老鼠，虽然苏格兰水鼩每隔 22 天就能产下一窝新的幼崽，但这种害羞的小动物十分罕见，当它发现自己被一只饥肠辘辘的水獭盯上时，可以一口气游到水下 50 英尺（约 15 米）的地方，然后巧妙地将河床上的淤泥扬起来，形成一朵鱿鱼状的云团以模糊自身隐藏的确切位置]；苏格兰野猫

[又名“高地虎”，是英国现存于野外的最后一种猫科动物，即使在睡觉时，它依然可以耳听八方，而且视力比人类敏锐 7 倍。苏格兰野猫能以每小时 30 英里（约 48 公里）的速度奔跑，如同老虎，非常强壮]。

阅读戴维・朗的《奇怪的苏格兰》，我开始想象深夜的湖水和树林中究竟有多少这类动物？

4

一觉醒来，已是早上 8 点，等待我们的将是何等有趣的一天？今天没有什么具体的计划，还是边走边看吧。

我在小木屋附近闲逛，看到邻居精心设计的花园，甚至把“七个小矮人”也请到了自己的花园里，童心一片。

天气晴好，山色干干净净，与昨天的大雨天完全不同。不过我更喜欢昨天雨雾蒙蒙的感觉，虽然身体感受很差，像个落汤鸡。

我们在利文湖边找到了观赏本尼维斯山的绝佳地点，景色真是千变万化。

格伦科湖

格伦科湖

湖边的湿地上到处是藻类，还有被潮水冲上来搁浅的小蟹。

我小心翼翼地往前走，还是踩进了草丛中的水洼，一只脚湿透了，不得不回小木屋换鞋。

再出发，直接去格伦科湖（Glencoe Lochan）步道，绕湖一圈。

格伦科湖不大，有种荫翳之美。如果是阴天或多云，景色或许一般。但我们去的时候正好阳光灿烂，光芒之下各种色彩突然呈现在人们面前，尤其是湖水的色彩极为梦幻。

格伦科湖步道有三条路线，分别是红线、黄线、蓝线，黄线、蓝线需要往山上走，可以从高处看湖，但步行难度较大。我们选择的是红线，沿着湖边走，相对容易些，结果感觉也不错。

朋友圈好友的评论是：

> “照片让我想起 1999 年去的九寨沟，拍的画面分不清楚哪是影子哪是植物”“照片有印象派油画的视觉感”“感觉是天空之城”“怪不得莫奈可以待在池塘边一整天，感受湖面和植物的不同色彩，妥妥的印象派画作”。

5

尽管格伦科湖如此迷人，但让我大为感动的却是湖边的一张普通长椅。长椅旁有一个很不起眼的木桩，上面有多枚铭牌，有的字迹已经模糊，很容易被人忽略。仔细看看，其实这是对亲人的怀念，上面写的大多是亲人的姓名和生卒年月，他们的共同之处是对格伦科湖的热爱。最特别的是对一只仅

有3岁的狗的哀悼，想必它每天陪伴主人在这里玩耍嬉戏。这种爱和怀念是如此不动声色，又那么深情真挚：

1

纪念 Bailey Cumming，一只特殊的狗

（2015年9月30日—2018年7月26日）

永远爱你

2

纪念 Joe Rae

（1998年9月10日）

特别的人成为了我们的一部分，我们的人生因此而变得更加富足

3

纪念一位特殊的父亲 —— Harold Monty Bartlett

（1935年4月8日—2008年12月23日）

您永远活在我们心中，与母亲同在，我们永远爱你们

4

这里长眠着我亲爱的母亲——Valerie Samson

（1937 年 8 月 24 日—2017 年 11 月 4 日）

您永远活在我们心中，与父亲同在，我们永远爱你们

我坐在椅子上凝视格伦科湖良久，身旁是树林、草地和野花。

朋友圈好友评论道：

“同感，2018 年去加拿大，在多伦多大学的校园以及许多公园里都见到过这样的纪念长椅，让人感动”“情怀与自然同在”“这种怀念方式让人感动，爱就像与爱的人漫步森林中，经历的都是风景”“热爱生活的人用心记下了曾经的爱和回忆，同样热爱生活的人为此感动”。

6

小木屋的房东太太是个热心又耐心的人，英语听起来很纯正，不带苏格兰口音。

我这么多年走读，最努力的事情就是尽可能地融入当地人的生活。我们和房东太太聊天，问她假日会去附近的哪里度假。她向我们推荐了26公里外的阿平港（Port Appin），她说全家人经常去那里放松心情。

于是我们决定当天下午就去。

途中路过海上的古堡。在中世纪，苏格兰的交通方式主要是在海上，这就需要城堡来提供补给，城堡主往往是国王的亲信。

胡杨对古堡最有兴趣，他认为前天看到的格拉斯哥港口的古堡与我们现在看到的古堡的主人，可能都是当时苏格兰国王詹姆斯四世的密友，这些城堡相当于现在的公路收费站。

在观景点，我们看到了关于这座古堡的介绍：

斯托克尔城堡（Castle Stalker）建于1320年，是苏格兰西海岸众多濒海城堡中的一座。

当时平整的陆地非常有限，所以这些城堡一般都建造在海边的巨石之上，这样要进入城堡反而容易些。桨帆船（Highland Galley，基于维京人设计的船只而开发的）是当时的主要战船。凭借桨帆船的战斗力，索莫莱德（Somerled）在12世纪推翻了岛上古斯堪的纳维亚人的统治并建立起了麦克唐纳家族。据说索莫莱德于1113年出生在摩尔文（Morvern），这名同时拥有斯堪的纳维亚人与凯尔特人各一半血统的战士击败了维京人，要知道当时维京人已经统治苏格兰西海岸长达400年之久。索莫莱德建立了一支由桨帆船组成的舰队，其机动性要胜于维京人的大划艇。到 1160 年的时候，他建立起一座长度与苏格兰西海岸差不多的岛上帝国。索莫莱德和他的后代——麦克唐纳家族——成为真正意义上的“苏格兰外岛勋爵”（ Lord of the Isles ）。

我们现在所看到的斯托克尔城堡可以追溯到 1450 年左右。苏格兰国王詹姆斯四世外出狩猎期间经常来此居住。由于深受国王的喜爱，阿平港的斯图尔特（Stewarts of Appin）家族成员被任命为城堡的管家，世袭罔替。直到 1645 年，麦克·伊恩·斯图尔特（Mac Ian Stewart）在酒后做出了一个极其愚蠢的决定，仅仅为了一艘桨帆船，就把城堡的管理权交给了艾尔茨的唐纳德·坎贝尔爵士（Donald Campbell of the Airds）！

今天，海路依然是重要的交通运输方式。林尼湖（Loch Linnhe）对岸的格伦桑塔采石场（Glensanda Quarry）每年通过海洋运输的花岗石多达 600 万吨。格伦桑塔在古挪威语里的意思是“梅登城堡”[我的同事萧亮认为这里的描述不太准确，应该说“格伦桑塔”一词在古挪威语中取“多沙河流冲刷而成的峡谷”之意，而格伦桑河上方有一座格伦桑塔城堡，这座城堡才被称为“梅

斯托克尔城堡

登城堡”（Maiden Castle）]。这座城堡最初是金盖尔洛赫的麦克莱恩（Macleans of Kingairloch）家族的据点。直到1812年，麦克莱恩家族首领输掉了他所继承的全部遗产，然后买了一艘船，带着500多名族人一起移居到加拿大的新斯科舍（Nova Scotia，加拿大东南部一省，在拉丁语中意为“新苏格兰”）。

不要小看这么一段介绍，它几乎浓缩了苏格兰相当一部分的历史。

7

阿平港真小，总共只有两家商店，白墙灰顶，一家是超市，另一家是工艺品店，唯一有点意思的是超市内供壁炉燃烧的木块。

朋友圈有人留言：

> “感谢主编让我们看到不一样的英国，原来除了高楼大厦的城市，还留存着这些自然清新、古朴典雅的小镇。看见木块，仿佛看见了砍柴人的愉快！”“燃烧的木块让人想到生命的循环与力量”。

阿平港的超市

阿平港的工艺品店

商店旁边有一个旧电话亭改造成的换书亭。你可以把自己已经读过的书拿到这里交换，没有人值班看管，大家全凭自觉。

我们马上联想到如果在中国会怎样？讨论的结果是：书全没了，或是里面充斥着免费的学习文件和教辅书籍。

我看到一位在屋前认真读书的老太太。作为一位爱书并且至今仍在写书的人，每当我看到这种场景，总会有一种感动。

阿平港很安静，我们逛了一圈几乎没看到什么人，偶尔遇见几个，多半也是游人。

不过朋友圈有好友说：“杭州已经设了不少这样的亭子，看上去还不错。”也有人评论道：“经典书籍是人类进步的阶梯，可是当今社会有很多人就是不走阶梯（不读书或是不读经典书），偏偏喜欢坐更快速的电梯，坐电梯的同时急功近利又浮躁不安。个人感觉最终的结果是对读书人更有意义，特别是与主编同行读书。”

木块

换书亭

我们只能借赏花的机会，向一位自家拥有小花园的女主人讨教阿平港该如何玩。

纪念铭牌

小木屋的房东太太推荐我们去阿平港村对面的小岛，说那里没有车辆，是世外桃源。我们进了阿平港后，发现这里已经很安静了，就没有渡船前去。

房东太太还推荐了一家圆顶海鲜餐厅，据说气氛很好，但我们前一天海鲜吃够了，罢了。

最后我们选择了一条环绕阿平海港的步道走了走，风景秀美，环境原始生态。

好友评论："这又是一幅名画，白色的船停在港口中。你现在的眼睛变化了，成了涉猎的眼睛；围观的我们，有福了。"

一对闺蜜

步道上遇见了一对老年闺蜜，远远望见，就很有感觉。我过去在欧美经常遇到比她们还优雅的老妇人，总是不好意思打招呼，这次我主动上前打了招呼并询问她们是否可以拍照。起初她们很诧异，不过还是很友善地答应。

在可以眺望大海的步道上，我又看到一张椅子上面的铭牌，是为了纪念一位98岁的女子，说她是"真正的苏格兰高地的女人"。什么叫"高地的女人"？我和胡杨反复琢磨，很想了解她的生平、她的为人处世，她是怎样的一个女人？她结婚了吗？有过几个孩子？是否子孙满堂？

朋友圈的友人们也是浮想联翩：

> “这应该只是个人家庭的捐赠，而非纪念名人，所以找不到她的生平”“主编写一本关于这些小人物的书，我预订”“历史从来是胜利者书写的，乡村生活才是社会现实生活的缩影，走进普通人的生活才能体会到生活的真实、人文的厚重。历史的记忆不仅是丰功伟绩，还应包括真实的生活和厚重的人文。自然风光的美好，也是因为有了人，才有灵性！恭喜主编又拓展了走读领域”“往往是平凡人让我感动”“我喜欢这种纪念先人的方式，一桌一椅一木，寄托淡淡悠远的怀念，记挂他们的不仅是后代，还有路过的旅人”“孤独又美好”“面朝大海的椅子，这样放置应该也是对逝去之人最好的怀念方式”。

我曾读过很多关于英国历史、文化、社会科学、经济的书。来英国之前，我又买了大量有关英国的书籍，遗憾的是，这次没有一部读完的。很多书都热衷于宏大的叙事，或是枯燥专业的理论思想，没有给我什么启发。

阿平港风光

阿平港的灯塔

在阿平港步道的末端，我拍下了一棵大树的照片，丰姿秀丽，美极了！

这棵树让朋友圈的好友也忍不住感慨连连：

“这棵树让我想起网上流传的一段诗句：如果有来生，要做一棵树，站成永恒。没有悲欢的姿势，一半在尘土里安详，一半在风里飞扬；一半洒落阴凉，一半沐浴阳光。非常沉默、非常骄傲。从不依靠、从不寻找……”“在英国总喜欢看这种绿枝成荫或繁花似锦的苍天大树定格在碧绿的草地或旷野间 ”“看上去就想动笔在纸上画一下”“我最爱的也是树，生机盎然，给我一种默默坚守的力量”“巨型西兰花”。

8

黄昏时我们离开了阿平港。我本想去看看远处的那座灯塔，也曾尝试在湿地上行走，接近灯塔，可考虑到来回需要一个小时，还是决定放弃。早晨在湖边，我已经踩进湿地的水洼，不得不回去换鞋。

我喜欢那座灯塔，在山、湿地和海水之间，那么孤傲地立着，带着一些柔情。

回到住处，经小木屋房东太太的推荐，我们在附近湖边风景绝佳的酒店享用了一顿美味的晚餐，海鲈鱼和牛排的味道非常不错，吃得很舒服。

多年来的走读，让我越来越体会到只要“模糊的正确”就够了。也就是说要把握旅行的大方向，设计好旅行的节奏，其他的事情到当地再说。旅游指南再厉害，还能比当地人更熟悉情况吗？更何况，我们就是想体验当地人的吃喝玩乐以及喜怒哀愁，何不让他们来做介绍？还有就是边走边欣赏，相信自己的眼睛。大自然是一幅一幅的画，多看多感悟，眼光和感悟也就有了。

其实，看大自然要比看画轻松许多。到了卢浮宫，你不看达·芬奇和维米尔的名画，总会觉得遗憾，可大自然任你观赏。而且大自然的奇妙之处在于，即便是经常印在明信片上的景致，若天气不好，也会黯然失色；而平日一般的景色，在某个好天气的影响下，可能会大放异彩。

我看过很多地方的美景，欣赏过几万幅的世界名画，自信我有一双能发现美的眼睛。当然我们还要有能与美产生共鸣的心灵世界。

9

昨天中午我们在湖边一家很有格调的简易餐厅吃了顿牛肉沙拉，味道不错，今天继续在这里吃早餐。

我在湖边拍了一段视频，朋友圈当即收到一片赞叹：

“流连忘返”“湖边的房子、湖水、天空、植物都如此协调，美极了”“主编的回忆变成我们向往的地方”“如此明艳动人，如绝世美少女”“实在是美不胜收，在远处低矮的蓝天白云映衬下，清澈见底的湖水泛出不同的层次感，美好时光永留心底，收藏了”“和女儿一起看主编的朋友圈，孩子连声称赞‘太美了’！”“又是印象派画作，那个多变的蓝色，如此迷人”。

牛肉沙拉

美好的苏格兰早晨。

我和胡杨坐在餐厅的院子里，7 月中旬上午 10 点的苏格兰高地还是有些寒意，但若晒着太阳，还是很舒服的。

朋友圈里眼尖的读者发现院子里粉红色的芍药比她家里（中国）的晚开两个月，还有朋友认为这种苏格兰芍药在花的颜色和尺寸上都要优于国内的品种。

我一边吃着丰盛的英式早餐，一边看着周围来来往往的人。

一对老夫妻悠然地坐着，大黑狗趴在脚边。

两位苏格兰爷们骑着摩托车来吃早餐。我们路上遇到过一些摩托车手，他们戴着头盔，猜不出年龄，说不定多半都是大老爷们。

还有十几位女自行车骑手已经吃完早餐，准备出发了。

好友点评：

> “就是想不明白别人为什么活得那么随心随性”“老男人的笑容流露出自信，可以想象出开摩托车时的拉风状态”“活得明白”“这个季节是所有爱户外活动之人的最爱”“她们是要骑到天空岛吗？”“一切都是熟悉的味道”。

苏格兰芍药

英格兰式早餐

10

我们的下一个目标是斯凯岛（Isle of Skye，也叫天空岛）。

进岛有两种方式，一种是轮渡，另一种是跨海大桥（Skye Bridge）。这两个进岛的地方相隔很远，不能直接连通，都必须绕道回威廉堡。

我们选择进岛乘轮渡、出岛过大桥的方式，来体会不同的地貌与风景。

轮渡地点在马莱格（Mallaig）。连接威廉堡到马莱格的是A830公路，也被称为进岛公路，是段极美的路线。

我们先驱车半小时去马蹄形的格伦菲南高架桥（Glenfinnan Viaduct）。

这里是所谓的“打卡”景点，停车场位置难找，这在苏格兰高地还是比较少见的。

好在走进去看高架桥的人还不算多。

我推荐它，是因为胡杨与我儿子都是电影迷，而这座桥正是“哈利·波特”系列电影的经典取景地。

在《苏格兰的影视取景点》（*Scotland: Film Locations*）这本小册子中，是这样介绍的：

从威廉堡出发，后面的铁路沿线更加壮观。夏季，坐上雅各比特蒸汽列车，亲身体验一番“哈利·波特”系列电影中乘坐霍格沃茨特快（魔法学院的特快列车）的感觉，或者以低于苏格兰普通列车的价格，在一年中任何时候前来欣赏沿途的风景。第五站正是格伦菲南站，以其庞大的马蹄形高架桥而闻名。电影中我们经常可以看到霍格沃茨特快驶过该高架桥的画面。比如在2002年的《哈利·波特与密室》中就有这样一幕：哈利吊在魔法飞车的车门下面，他的好友罗恩驾驶着魔法飞车在高架桥洞间穿来穿去。

从格伦菲南站下来后，你可以参观对面站台处的车站博物馆，在这座宾至如归的文化遗产中心，你可以看到建在火车车厢里的茶室与小屋，铁路相关藏品以及与高架桥有关的介绍，以及当地步行路线图等。

最近，附近英国托管协会游客中心的咖啡厅全年开放，游客可以参观雅各比特蒸汽列车的展览馆，同时还可以购票前往格伦菲南纪念碑（Glenfinnan Monument）。从希尔湖（Loch Shiel）对面的纪念碑望去，你可以看到数个在“哈利·波特”系列电影中出现过的场景，其中一处就是在《哈利·波特与火焰杯》中出现过的“黑湖”，这里正是剧中三强争霸赛中第二场比赛的拍摄地。如果想近距离欣赏，你也可以从格伦菲南酒店登船前往。

在前往马莱格的路途中，在格伦菲南与下一站之间，西部高地铁路是沿着艾力特湖（Loch Eilt）行驶的。向艾力特湖的尽头望去，覆盖着郁郁葱葱的松树，那里正是《哈利·波特与死亡圣器》中埋葬邓布利多校长的地方。

11

格伦菲南高架桥长380米，高30米，1897年开始建造，1901年正式对外开放。施工单位是有着“混凝土鲍勃”之称的麦卡尔平公司。大桥用混凝土建造而成，雇用了数以百计的细木工人，在当时是具有开创意义的。

我的直觉是高架桥的设计灵感来自罗马时代的高架水渠，其与周围的自然环境相协调，很是壮观。

可惜我们没看到火车在上面行驶，让此行存有遗憾。据说下午3点左右，会有一列蒸汽火车驶过大桥。

德国梅尔杜蒙公司的旅游指南系列《苏格兰》为游人设计了一条乘火车

格伦菲南高架桥

游苏格兰高地的线路，需要 3 天时间，火车则行驶 12 个小时。

这条线路的出发地点是格拉斯哥皇后街火车站（Queen Street Station），终点是马莱格。

第一天，先去阿德鲁依（Ardlui），沿途可欣赏盖尔湖（Loch Gare）和洛蒙德湖（Loch Lomond）的自然风光。可以在火车站北面的阿德鲁依宾馆稍事休息，或沿着西部高地之路向南徒步，享受一顿自然风光下的野餐。火车离开阿德鲁依，缓缓穿越昏暗荒凉的兰诺赫沼泽（Rannoch Moor），到达英国海拔最高的火车站——科鲁尔火车站（Corrour Station），夜宿。

第二天，乘车到威廉堡，下车游玩，在威廉堡过夜。

第三天，在格伦菲南站下车，去看格伦菲南纪念碑以及格伦菲南高架桥，最后到达马莱格。

这趟火车之旅，虽不能与汽车游览相比，但也能感受一些苏格兰高地的氛围。

12

现在很多人都把进岛之路的重点放在格伦菲南高架桥，但在历史上，人们更为关注的是詹姆斯二世之孙查尔斯王子因这条道路的悲喜故事。

英国光荣革命后，詹姆斯二世的两个女儿玛丽和安妮公主先后继承了王位，但他的儿子威尔士亲王却没有。理由很简单，他是天主教徒。事实上，正是因为有了这个儿子，英国贵族才匆忙里应外合，发动了政变。

自从亨利八世废除了天主教后，英国贵族乡绅最恐惧的事情就是天主教卷土重来。亨利八世的女儿“血腥玛丽”（英格兰女王玛丽一世，1516—1558 年）上台后，天主教复辟，英国既得利益阶层的身家性命受到严重威胁。玛丽一世仅仅统治了 5 年即病死，没有子嗣，其信奉新教的同父异母的妹妹伊丽莎白·都铎（伊丽莎白一世，1533—1603 年）继承了王位，大家转危为安。可为了消除后患，英国贵族还是借伊丽莎白女王之手，将有资格继承王位但被废的苏格兰女王玛丽·斯图亚特（苏格兰女王玛丽一世，1542—1587 年）斩杀。从道义上来说，玛丽跑到英格兰是向伊丽莎白女王求救的，英格兰贵族却将她囚禁了 18 年，然后杀害，很是残忍。原因就是玛丽女王也信奉天主教，可见英格兰对天主教复辟是多么恐惧。

伊丽莎白女王去世后，苏格兰女王玛丽一世的儿子（英格兰詹姆斯一世、苏格兰詹姆斯六世，1566—1625 年）继位。詹姆斯一世是个现实主义者，对宗教信仰模糊其词，维稳为主。他的儿子查理一世（1600—1649 年）有倒向天主教的嫌疑，结果苏格兰与英格兰新教徒一起将他推翻，成为欧洲史上第一个被公开处死的君王。

克伦威尔统治结束，斯图亚特王朝复辟，但天主教并没有复辟。查理二世（查理一世的长子，1630—1685 年）在位期间行事世故，没有得罪英格兰贵族。

查理二世去世后，他的弟弟（英格兰詹姆斯二世，苏格兰詹姆斯七世）继位，他竟然公开承认自己的天主教信仰。英国贵族见他有了子嗣，只能发动政变。

詹姆斯二世被废，王位落到了他信奉新教的女儿玛丽二世（1662—1694 年）和女婿威廉三世（1650—1702 年）手中。1694 年，共治者玛丽二世驾崩后，威廉三世依照“嗣位法”继承了王位。1702 年，威廉三世病死，没有子嗣，王位由玛丽二世的妹妹安妮女王（1665—1714 年）继承。

所以，在安妮女王去世后，虽然她像姐姐一样无后，英国贵族还是想办法找到斯图亚特王室的德国远亲汉诺威选帝侯乔治一世（1660—1727年）。在英格兰人眼里，这些德国人简直是乡巴佬，英语都不会说，但重要的是其新教徒的身份。

这是英格兰议会的决定，但还是有不少人更拥护詹姆斯家族。其中的支持者，即安妮女王时代被驱逐至法国的主要大臣，于1715年策划了在英格兰登陆的计划。没想到，格伦科大屠杀的主谋“斯泰尔老板”的儿子在法国有个高效的情报网，破获了这起阴谋。

不过詹姆斯二世党人还是顽强地斗争着。在英格兰与苏格兰低地，他们有着浓厚的怀旧情结，对18世纪英国新兴资本主义社会不满，想回到过去稳定和睦的旧时代。

不过，据《苏格兰：现代世界文明的起点》的作者赫尔曼分析：

在苏格兰高地，斯图亚特王室的复辟与怀旧无关，完全是现实问题，在过去的一个世纪里，氏族首领一直依靠王室建立并强化他们的权威。他们把斯图亚特家族视为唯一的和真正的王位继承人。

1745年7月23日，（英格兰）詹姆斯二世之孙、24岁的查尔斯王子（1720—1788年）仅带了7名随员在苏格兰的小岛埃里斯凯（Eriskay）登陆（现在仍称为“王子海岸”）。

8月19日，在格伦菲南的希尔湖北端，查尔斯王子与苏格兰高地的氏族首领们会合。但有些氏族首领们并不积极，因此拖延了一些时间，在8月21日完成会合并开始向东进军。他们心情复杂，从最初开始就知道注定要失败，只有查尔斯王子一人凭着年轻人的蛮劲，认为起义会成功。

令人哭笑不得的是，由于伦敦政府的极度无能和缺乏计划，查尔斯王子

如长卷般的苏格兰高地风貌

的队伍竟扫荡了苏格兰全境，杀到英格兰。

到了 12 月 4 日，他们距离伦敦仅不到 130 英里（约 209 公里）。

但这也只是查尔斯王子最大的成功了。

因为真正为他卖命的苏格兰高地氏族领袖们不愿再战了。原本是出于荣誉感和自尊心，没想到却出乎意料地连连获胜，但他们意识到胜利的实际后果——查尔斯王子当上英国国王（与其祖父一样），苏格兰高地人的实力势必被削弱。他们有理由帮助查尔斯王子确保在苏格兰的地位，但没有义务帮助他继承英格兰和威尔士的王位。返回苏格兰才符合高地人在政治方面的利益。其实英格兰援军有 3 万人，查尔子王子的军队只有 5000 人，后者没法取胜。

查尔斯王子的军队撤回苏格兰，后来被英军彻底击败。

他一路被英军追杀，从进岛之路逃亡到斯凯岛。今天，在这条 A830 公路附近，20 米高的格伦菲南纪念碑就是为了纪念 1745 年查尔斯王子起义。

13

过去我读英国历史时，对查尔斯王子起义没太在意。可这次从苏格兰尤其是苏格兰高地的角度再看，真是一场悲剧。

赫尔曼叙述道：

英国政府悬赏 3 万英镑要查尔斯的脑袋，他只能拖着饥饿和生病的身体在各个避难处东躲西藏，连累了每个收留过他的人。他后来找到机会，假扮成米尔顿的麦克唐纳的女儿弗洛拉的爱尔兰女仆，悄悄跑到斯凯岛上的金斯堡，藏在弗洛拉的未来公公家里。

直到1748年，查尔斯王子才返回法国，可是法国与英国签订了和平协议，于是他被驱逐到意大利，在罗马度过了余生。昔日的英俊王子变成了肥胖的酒鬼，整天责怪别人破坏了复辟大业，唯独没有反省自己的过失。1766年他父亲去世之后，他成了斯图亚特王朝的末裔，然而那已经是毫无意义的头衔了。

1788年1月31日，查尔斯王子去世。

1773年，距离1745年的叛乱过去了将近30年后，著名的英格兰文人塞缪尔·约翰逊和苏格兰传记作家詹姆斯·鲍斯威尔走访苏格兰，穿过高地西部前往斯凯岛。他们在收留过查尔斯王子的麦克唐纳家留宿，当年的弗洛拉现在是一位已婚的中年妇女，她还保存着王子睡过的床单（据说最后她是裹着其中一条床单下葬的）。鲍斯威尔和约翰逊在这里逗留了数日，遗憾地听说他们“欠了一大笔债，正打算移居美国”。1774年，麦克唐纳全家启程前往新大陆的殖民地，结果又被卷入了另一场反叛英国王室的战争。

14

有趣的是，有人创作了《斯凯岛船歌》（*Sky Boat Song*），歌词大意是：

船儿疾驶，像鸟儿在飞翔／向前，水手们的号子多么嘹亮／载着王子／跨越大海，驶向前方／风在怒吼，浪在疾啸／惊雷响彻云霄／我们的敌人被阻挡在了岸上／他们不能如愿以偿／风浪尚未平息，轻柔即将来临／大海化成皇家之床／它深深地摇荡弗洛拉美丽的女郎／将你疲倦的头凝望……

苏格兰的湖光山色

正如赫尔曼所评论：

查尔斯王子“是带给苏格兰高地死亡和毁灭的最大责任者，可是被他断送众多生命的民族仍然在赞颂和怀念他”。

这就是“苏格兰高地清洗运动”：在氏族制度鼎盛时期，佃户要以从军的形式来支付他们租用氏族首领土地的费用。但是，1745 年后，氏族制度的势力逐渐衰退，接踵而来的是边界上的放牧业逐渐兴盛起来，土地所有者们所要求的租金佃户再也承受不起，于是这些土地逐渐被低地和英格兰的农民买走。成千上万的高地人被驱逐出去，很多人被迫前往美国、澳大利亚和加拿大。

苏格兰高地因此成为整个欧洲人口密度最低的地区之一。

1745 年后，苏格兰全国的文化和经济都爆炸式地飞速发展，詹姆斯二世党人溃败、苏格兰高地的威胁解除、氏族制度分崩瓦解，仿佛被压抑的巨大能量一口气释放了出来。按现代术语来说，苏格兰经济起飞了。

第五章 | Chapter 5

斯凯岛（上）

ISLE OF SKYE Ⅰ

艾琳多南堡

抵达斯凯岛

斯利格亨的石桥

仙女池

泰斯卡威士忌酒厂

1

我们离开格伦菲南高架桥后，继续行驶在进岛公路上。

路上看到绿色的草地和山坡，在阳光下是如此鲜嫩，如苔藓般。胡杨说，山坡上绿绿的就是苔藓，它们被晒干后，与泥土一起形成泥煤，可以用来烧制威士忌。

公路旁的地貌更为复杂与多变，景色惊艳，遗憾的是我们来不及停车拍照。

最重要的原因是自驾时要注意力高度集中，面对各种意想不到的状况。

我过去曾多次坐车行驶在欧美高速公路或普通公路上，我觉得那些人驾车很守规矩。

但这几天在苏格兰自驾，我们感觉并不好。比如这里的司机在弯道绝不减速，有的甚至冲过来压线行驶，等等。

最让我不能忍受的是，有两次对面超车的司机不计算安全距离，逆向驶过来，让我们感觉极不舒服。

特别是第二次，眼看两辆车要相撞，最后还是靠我们减速才避免了大祸临头。

这种场面实在让我吃不消。

在英国的朋友提醒我们，这里最近出现了好几起交通事故。

这是不是说明苏格兰人的驾驶习惯就是如此鲁莽？

我看也未必。

就如所谓的坏脾气，其实是可以克制的，有人不克制，那是因为任性，把克制的责任留给别人而已。

为什么这么说呢？

一个很偶然的原因，我们的车跟在一辆运输轿车的大货车后面，这种载重货车刹车不容易，若不小心与它相撞，光是上面运输的车就能把人砸扁了。

于是，出现了奇怪的场面，对面的车见到这辆运输车，都停下来先让它过，我们的车跟在后面也很有安全感。

原来是狐假虎威啊。

这说明苏格兰司机是明白厉害的，就是吓唬你而已。

我们这几天遇到的苏格兰人都很和善，但今天在格伦菲南停车场上的际遇却着实令人不快。

停车场一时间没有空余车位，但一位司机对我说：他要走了，让我们的车等一下。

他的车开动了，我让胡杨把车开过来，没想到同一时间另一辆车也要进来。

他要是客气些，我也不会觉得不妥。

没想到车上的年轻人很蛮横，头一歪，示意我走开。

我迅速预估形势，他是一个人，按个头的话，我和胡杨两个人一定可以对付他。按我年轻时候的脾气，一定是站着不走。

但后来我想想算了，打赢这种人也没意思。

2

我有一位读者，在英国陪孩子读大学，对英国比较熟悉，喜欢开车，也来过苏格兰，他这次给了我不少关于游玩的建议。

他看了我上面对苏格兰司机驾驶习惯的议论，表示不同意。

他在全世界好多地方开过车，觉得英国人开车是最守规矩的。因为大车的起动和刹车都比较困难，大车上下坡时，小车是必须礼让的，这是英国交通规则规定的。

英国人驾车很懂礼让，在单行道上，对方的车辆见你的车开过来，会远远地停在旁边，让你先过去。同样，如果见到对方超车，英国人也会减速，让对方先过去。

另外，英国人的驾车技术确实很好。在全球汽车大国中，英国的交通事故率非常低，你可以比较一下中国的交通事故率。如果你开车提心吊胆，是因为不熟悉英国的交通规则和驾驶习惯。比如，对方朝你闪灯，在中国大多是表示愤怒，但在英国则是表示让你先走。

在英国，如果你车开得慢，见到后面的车跃跃欲试，那你应该打左灯，让对方超车，对方也会打双跳灯表示感谢。

只有你熟悉了当地的交规和习俗后，才会有真正的驾驶乐趣。

3

进岛之路上，我们不断看到波光粼粼的湖面从身边掠过，快到马莱格的时候，那附近的湖面尤为漂亮。

我们停下车，看到一辆小型房车，虽然不大，却极为实用。内部的分层设计可以睡两个成人和两个孩子，这对一个家庭而言足够了。女主人一边玩着呼啦圈，一边介绍这是向日本公司定制的。

小型房车

这款车比大型房车更适合苏格兰高地的路况。我们到达马莱格港口已是下午 3 点，下一班渡轮竟然要到晚上 6 点。而且由于是周日，渡轮预订满了，我们只能替补。替补成功的话，到了斯凯岛，还要一个多小时才能到达民宿。

如果没能替补成功呢？我们也不知道有没有下一班船。

马莱格港口比我们想象的要荒凉，竟然没有找到一家咖啡店可以吃点东西。

我们只能原路返回，先到威廉堡，再开车走另一条路线过跨海大桥，最终到达斯凯岛，路上至少需要三个半小时。

铁栅栏

4

回威廉堡的路上，胡杨有些累了，将车停在路边休息。

我忽然发现马路对面的湖非常漂亮，便走了过去，但这里的铁栅栏紧锁。这几天我已经几次打开铁栅栏，闯入所谓的私有领地。我们看过当地法律，闯入这种地方不犯法，只要你不顺手牵羊。

可是，这里有牌子警告，如果你没有征得主人的同意，后果自负。

我犹豫了一下，还是翻过铁栏杆，越过铁路线，又翻过一道铁栏杆，向湖边走去。

这种事，我那受过良好规则教育的 15 岁儿子是不会干的。我第一次在格伦科峡谷赶羊，他对我表示严重抗议，说我压迫了羊。

我哭笑不得。

我虽然生长在上海市中心，但从小在弄堂的打斗中长大。我认为某些规则是可以被打破的。如果出现恶狗，就拿起石头砸。

草地上的羊往后退到羊圈去，有的不服，对着我叫唤。

我避开羊屎，继续往前走。

前面有一条小溪，我跳了过去，径直往湖边走。

我很快乐。

想起小时候，我要去瑞金医院捉蟋蟀。有人告诉我，如果被捉住，会被关进太平间里。

我就是没怕过。

我认为医生在吓唬我们，他们就不怕我们把尸体搞得乱七八糟？

儿子后来告诉我，他一直在观察我，翻了两道栏杆，穿过铁路线，又跳过小溪。

很好，我要告诉他，某些规则是可以被打破的。

他已经好多了。到了苏格兰我就告诉他，如果路途上内急实在没办法，可以在大自然中大小便，他不以为然。

他今天得意地说，他在大自然中小便了，回馈自然。

这就对了嘛。

好友评论：

"在这样的山水之间，繁文缛节就是束缚心灵得到放飞的枷锁；归去来兮，乐琴书以消忧：好一片真正的忘忧桃源""没想到主编是个如此有趣的人，好奇心和破坏规矩如少年，一改原来对'大叔'即刻板的印象"。

快走到湖边时，我被铁丝网挡住了去路。尝试了几个地方，都失败了。我只能隔着铁丝网观赏湖水的静美。这里不是风景区，但养在深闺人未识，它的美很少有人领悟到。

5

从威廉堡到斯凯岛大桥，一路上的景色也是分外开阔，眼前是漫天蔽野的绿。

一片宽敞的湖面，在太阳光的映射下，蓝得让人舒畅。让我想起了长江三峡，但它比三峡还要壮阔。

我们在绿色中穿行，融化在绿的爱意中。

无意间，我们闯入了1999年“007”系列电影之《黑日危机》中的艾琳多南堡（Eilean Donan Castle）。

在电影中，我们首先看到的是一座建筑的外景，上面有天线与碟状卫星，画面标题给出了“军情六处苏格兰总部”的字样，参谋长比尔·坦纳正在向众人解释钞票上浸泡化学物质而成为烈性炸药的阴谋。这幕场景的拍摄地就是艾琳多南堡内铺设有木质镶板的宴会厅。

这座13世纪修复的城堡犹如图画一般坐落在遍布岩石的小岛上，后面是树木繁茂的山丘，一座拱形桥将其与大陆相连，有时附近的水上还会升起皑皑白雾。

据《苏格兰的影视取景点》介绍：

《黑日危机》与苏格兰也有不少关联。比如Q博士，向邦德展示了风笛机关枪火焰喷射器（风笛是苏格兰特色乐器之一）；剧中那满脑子都是暴力与复仇的恐怖分子雷纳德，其扮演者正是出生于格拉斯哥的演员罗伯特·卡莱尔。另外，深情演唱《黑日危机》电影主题曲的歌手则是来自爱丁堡的雪莉·曼森。

而邦德这一角色的原型就出生在苏格兰，因此“007”系列电影在当地取景理所当然。

山间光线黯淡，路边停着邦德那辆标志性的银色阿斯顿·马丁。借着微弱的光线，一个带着枪的黑色身影出现在半球形的汽车后视镜里。在接下来一场激烈的枪战中，当席尔瓦的忠实走狗倒下去后，天幕庄园的看守人金卡德慢条斯理地说道：“欢迎来到苏格兰。”天幕庄园是邦德在格伦科峡谷附近的原籍所在地，同时也是他父母居住的地方。在电影《007：大破天幕杀机》里，邦德的父母在他幼年时就去世了。自那以后，邦德就一直没有回来过，

艾琳多南堡

艾琳多南堡附近的风光

直到后来与死对头展开最终的对决，才再次回到苏格兰。

小说作者伊恩·弗莱明（Ian Fleming，1908—1964 年）在他 1964 年出版的另一部“007”系列小说《雷霆谷》（*You Only Live Twice*）中，描写了邦德身上的苏格兰特质：邦德在一次任务的执行过程中下落不明，生死未卜，弗莱明设计了一出由邦德的上司 M 公布詹姆斯死讯的剧情（在电影中，他的死是故意伪造的）。我们知道，邦德的父亲安德鲁·邦德正是来自格伦科峡谷。在伊顿公学遇到麻烦后，小邦德转到了其父亲曾经在爱丁堡就读过的菲特斯公学，那里的气氛颇有些加尔文主义。无巧不成书，该校历史上也的确有过一名叫詹姆斯·邦德的学生！

从格拉斯哥出发，乘坐西部高地铁路经过法斯兰港（Faslane），正是在那里，邦德获悉了潜艇失踪的消息（电影《007 之海底城》）。该港口位于加勒洛赫德（Garelochhead）车站附近，那里是一片繁茂树木所环绕的海湾。

6

我这几天迷恋湖光山色，根本没留意旅途中的美女。在艾琳多南堡，我看到一位颇有风韵的女子。我以为她身边的男子是她的丈夫或男友，却发现不是。她注意到我在注视着她。

她往前走了几步，忽然回头让我为她拍张照。

我爽快答应。拍完后，经她同意，用我的相机也拍了一张。她本能地调整姿势，展现自己的身材吧。

简单交谈得知，女子来自美国加州。

如果不是我们还要赶着去斯凯岛，大家聊聊或许能交流更有意思的事。

我经常看到很多单身女性在外面行走，她们是为了刷新和反思自己的人生路吗？

艾琳多南堡附近的风光

我在朋友圈里试图得到一些回应，评论果然有趣：

“或许是为了寻找刺激，迷茫的有钱女性，需要刺激来缓解内心的空虚。这里的刺激不是仅指那种艳遇，而是类似于小确幸，或者说旅行可以给人带来一种希望吧。电影《藩篱》（2016 年上映的美国电影）中就有这样的困境描述。”

“因为没找到合适的旅伴。”

“大部分旅行并没有明确的目的，就是希望离开，希望放空自己。”

“在外旅行的女性比男性多，我也思考过这个问题，也许是男人忙着赚钱，女人在这方面的负担没有这么重？”

“即使我只能听懂中文，也不妨碍我每个假期都带着俩孩子天南海北地转。那种见过了的满足感可以抵消一切担忧。”

“都想多了吧。同事的女儿要休年假了，找不到同时有空的玩伴，那就一个人咯！”

“她的笑容恬静自如，想必是非常享受单独旅行的。”

“我在路上遇到的独自旅游的女生比男生要多，心态都很好。我现在一大半时间都是独自旅游在路上（主要是利用出差时间），很享受、很自由。我一直鼓励人们走出去，单身女性是完全可以的。没有什么克服不了的困难，也没有什么解决不了的问题。那些表示不理解的人是因为不懂。”

“如果单身男性旅游，主编会不会说他是刷新和反思自己的人生？”

“这个女孩子长得很甜。”

7

晚上 7 点 30 分，我们终于从跨海大桥进入斯凯岛，远山如中国水墨画。

我在早晨 10 点 30 分吃过一顿早餐，其间吃了两块饼干，之后就再没吃过什么东西，现在感觉要饿疯了，我开玩笑说自己能吃掉一头牛。如果再等待半个小时，我可能要把对面的加油站也吃了。

看到海滩对面有一栋粉红色的房子，是间餐厅，我们冲了过去。

一进去，看看里面的布置和小黑板上的菜单，来对了！

一家苏格兰老板经营的西班牙菜馆，有一名女侍者是法国人，有点意思。

他家的菜肴真心不错，我的鱿鱼塞肉，胡杨的苏格兰羊肉，还有章鱼前菜等，都很美味。

后来，这家餐厅成了我们在苏格兰高地的难忘之一。

在饥不择食的情况下，还能找到这么美味的餐厅，运气太好了。

记得 1998 年我去四川，与上证报的同事外出办事，只吃了早餐，到晚上 10 点才吃晚餐。同事们点的是沸腾鱼片，非常辣。我原本不能吃辣，那时也不管不顾了，吃。

从此“下海”，现在我吃辣的能力一流。

吃完饭，去对面的超市买东西。一路上，我们对苏格兰的走地鸡很感兴趣。胡杨见到超市的冷冻柜里有鸡肉，就要买了带回民宿，说是既然带了电饭煲，可以炖鸡汤了。

胡杨说他很会煲汤。

我一看，这鸡腿如此粗壮，明明是火鸡，或者是只能烤的鸡吧？

我们在超市里狂买了一大堆东西，看起来可以开一个小卖部了，自嘲以防今后几天超市关门。其实总的价格还是便宜的。

晚上10点，我们终于住进波特里（Portree）的民宿。大约11点，胡杨说外面有霞光。我冲了出去，果然天空煞是好看。建筑阻挡了视线，我便朝晚霞飞奔而去。

朋友圈也是一片赞叹：

> “景色真的好美啊，美到无法用语言去描述，但是更觉得奔向晚霞的主编有一颗童心”“再美的语言在大自然面前也会逊色，华美的天空，静谧的小镇，奔跑的主编”“壮美景观！人在自然面前只能惊奇与叹服”“暮色红似火，晚霞飞满天”“安静的小镇因为绯红的一抹淡彩变得情调满满了，惬意而有味道！”“追光少年”。

8

来苏格兰的第六天。

早上我们先去斯利格亨（Sligachan），是库林山脉（Cuillins）附近的一片聚居区，这里有一座著名的石桥。我很喜欢水与石头的各种融合，镜头感很强。

斯利格亨的古老石桥

石桥周围，属于苏格兰高地的典型地貌之一，荒寒厚重。

那位起义失败、落荒而逃的查尔斯王子穿过周围的沼泽地来到库林山脉的深处，高呼：“就算是恶魔也不会跟踪我到这里的！”

可高地远远不止这种面貌，我经常发现它至少还有

清秀温润的一面，只是场面实在太大，看起来仍是壮阔。

或者说，这种秀丽的风光，有点类似意大利的托斯卡纳与瑞士。但托斯卡纳多葡萄田，人类活动的痕迹更多，瑞士则是风和日丽、小家碧玉的感觉。苏格兰高地秀丽风光的背景则极为宏大。

接下来去看仙女池（Fairy Pools），是山谷中的溪流汇聚成的一系列冷水

斯凯岛风光

池和瀑布。我们在许多地方都遇到过类似的溪流。

但仙女池不是今天的重点。

我想真正走进苏格兰高地的绿色山谷，面对大山与无尽的绿色。前两天也想这么做，无奈脚下的水塘与沼泽让我们无法前行。

现在，我们终于如愿以偿，在大山和绿意中徜徉。

仙女池

9

连续几日，我们已经比较习惯在一条窄道上与对方会车了。往往是一方就近找到合适的宽阔处，停下，然后让对方的车辆通过。

为什么不把路修得可以让双方都能通过呢？苏格兰人认为既然可以通过会车解决，就不必再花钱修得宽阔一些。

这也可以解释为苏格兰人比较吝啬？在一本由伦敦出版社出版的苏格兰人笑话集里面，有关苏格兰人吝啬的笑话竟然占据了一半，耐人寻味。

一则笑话说，一个苏格兰人收到25年陈酿的威士忌礼物，但在黑夜中跌倒了，他见自己的膝盖上有些液体，大叫道："上帝啊，这一定是我的血啊？！"

还有一则笑话说，牧师在教堂募捐，他手中的奉献盘里都是一英镑以上的钱，只有三个一便士。

他忍不住说道："今天一定有个苏格兰人来了教堂。"

没想到后排站起来三个苏格兰人，说："我们可是三个人啊！"

这些笑话都是我儿子编译的。他一个人躲在车最后的座位上，闲得无聊，就不断发布关于苏格兰人的笑话集锦：

在一次只得到寥寥奉献款的礼拜之后，一个苏格兰牧师在公众面前祷告："主啊，我们感谢你，让奉献盘得以安全地返还。"

一个苏格兰小孩面色红润地冲进家中，对他的父亲说："爸爸，爸爸，我跟在巴士后面一路跑回了家，省下十便士耶！""不，儿子，你应该跟着一辆出租车跑回家，这样可以省下五十便士。"

一个苏格兰男人决定戒烟斗的两个原因：（1）在用自己的烟草抽的时候，烟草总是放得少而抽起来不舒服；（2）在借用别人的烟草抽的时候，总是因为将烟斗塞满而抽不出烟来。

10

中午，我们来到泰斯卡（Talisker）威士忌酒厂。

胡杨在当地买了一本《场所精神：苏格兰的威士忌酿酒厂》（*Spirit of Place: Scotland's Great Whisky Distilleries*），爱不释手，在整个苏格兰与英格兰行程中他都在琢磨。

这本书的作者查尔斯·麦克林（Charles MacLean）写道：

我一直认为麦芽威士忌是苏格兰的精髓所在。对我来说，每次喝它，都能让我感受到自己家乡浓厚的苏格兰乡土气息，一年四季都有它的踪迹：苏格兰沿岸沙质低地春天盛开的花朵、夏天温暖的海滩和帚石楠花粉、秋天的果园以及冬天的泥煤味。烹饪和烘焙的味道，儿时糖果的味道，皮革家具的味道，爷爷轿车的味道，教堂燃烧蜡烛的味道，割下的青草，辽阔的牧场，松树林以及锯开的木材的木头味道等，无不散发着浓郁的芳香。

当然，这些联想只是我个人的感受，通常与嗅觉有关而非味觉。众所周知，在我们所有的感官中，嗅觉能迅速有效地唤起长远的记忆，而且只要稍加想象，一帧帧过往的画面犹如美好的幻影浮现，提高了我们对杯中酒的鉴赏力。

正如我的朋友，作曲家罗宾·莱恩在他的一首歌中所写的："这是一个小民族的精髓——远远不止是一杯简单的威士忌——唤起天、地、人的记忆，将逝去的岁月融入当下的心境中。"

我的另一位朋友曾说过："当你买下一瓶威士忌时，你买的远远不止是一瓶酒。你得到的是历史文化、高级工艺、传统思想以及丰富经验。制造和酿造威士忌需要时间的沉淀。"

品一口麦芽威士忌，不仅能唤起人们对它产地的记忆，还能让人忆起它

泰斯卡威士忌酒厂

源远流长的历史。据威士忌哲学家戴夫·布鲁姆说，苏格兰多种多样的地貌促进了酿酒业的发展，从决定酿酒厂的建址到藏酒之处，再到繁荣之地……甚至早期的酿酒师还曾试图在他们酿造的威士忌中保留金雀花、鲜花、帚石楠和欧洲蕨的新鲜气味，他把这称之为“文化风土”。他还在其他地方宣传了这一理念，解释说苏格兰高地的生活是“人与环境”之间的妥协，并指出许多人经营企业失败的原因在于他们忘记了环境才是占据有利地位、处于优势的因素。然而威士忌酿酒厂却幸存下来并蓬勃发展，因为酿造威士忌讲究实效。布鲁姆说酿酒厂的工人们已经得出了一个结论，即酿造威士忌是他们在当前环境下能做到的重要事情，而且更为重要的是：“因为我们几代人都在酿酒，只有这样，我们才明白我们在哪里，我们是谁，我们在做什么？”

这确实是一个有趣的概念。而法国酿酒师使用“terroir”（风土）一词是为了描述地理、气候和地质对葡萄酒的风味、格调以及品种的深远影响——

最终是为了说明葡萄生长的土壤。虽然这一概念不能完全相同地应用于威士忌蒸馏，但它确实在一定程度上反映了当地地理环境、传统文化、加工流程以及物种种植所产生的微妙影响，这恰恰也区分了苏格兰不同地区不同酿酒厂所酿制的威士忌。至今，酿造威士忌的某些因素也无法用科学解释清楚。

11

“威士忌”一词来自拉丁语“Aqua vitae”，意为“生命之水”。据《生命之水：苏格兰威士忌品鉴指南》一书介绍：

首次记载苏格兰生产威士忌的文献始于1494年。而古老的蒸馏工艺的起源据说来自远东地区。1505年，苏格兰国王詹姆斯四世（1473—1513年）允许爱丁堡的医师业公会独家蒸馏威士忌。

1850—1851年，安德鲁·亚瑟混合谷物威士忌和麦芽威士忌，调制出混合威士忌；公众对苏格兰威士忌的兴趣和喜好发生了彻底的变革。

19世纪中、末期，欧洲约三分之二的葡萄园受根瘤蚜病的影响，没有了红酒、白兰地和干邑白兰地，欧洲人转而开始喝苏格兰威士忌。

1880—1900年，一批优秀的苏格兰威士忌企业家不仅建立了自己的品牌，还远赴海外设立经销网点，将自家品牌销往世界各地。他们提升了苏格兰威士忌在民众心中的形象，同时开创了新的革命性营销方式。

第一次世界大战爆发，军队的迁移给了军人们品尝苏格兰威士忌的机会，苏格兰威士忌首次在世人面前得以升华。战争结束后，军人们返回家乡，这为威士忌开创了新的海外市场。

1920—1933年，美国禁酒令出台，获得非法进口的苏格兰威士忌比继续

生产美国威士忌更加容易。这一时期的威士忌从苏格兰西海岸走私到美国，苏格兰威士忌的需求再度扩大。

第二次世界大战与前一次世界大战的影响相似，战争增加了威士忌的市场份额。但因为战争中谷物短缺，威士忌被迫停产。

如今苏格兰威士忌被销往全球200多个国家，其中混合威士忌占了全苏格兰威士忌销售的90%。没有混合威士忌，苏格兰威士忌工业根本不可能呈现今日的辉煌，但单一麦芽苏格兰威士忌正蓄势待发。

12

苏格兰威士忌的发源地很可能是艾雷岛（Islay），位于西部群岛的最南端，距离爱尔兰北海岸只有11英里（约17公里）。艾雷岛是西部群岛土壤最肥沃的地方，以泥煤为主的燃料丰富，来自湖泊和河流的净水也很充足。人们认为，早在14世纪的时候，艾雷岛可能就已经开始酿造威士忌了，由于地处偏远，走私活动猖獗。1644年政府开始对威士忌征税，但人们认为艾雷岛上到处都是“野蛮人”，因此，在1797年之前，从没有一位征税官有足够的勇气踏上这座岛。

艾雷岛上酿造的麦芽威士忌以浓重的泥煤风味闻名。

中部高地的风景透着浪漫气息，幽深的峡谷和波光粼粼的湖泊坐落在壮丽的山脉之中。大麦在郁郁葱葱的山谷中生长茂盛，而且这里的水源和泥煤资源丰富。与其他高地产区相比，出产于中部高地产区的麦芽酒体更轻盈、更甜，带有花香、水果味、蜂蜜味和香料味。

除了格兰奥德（Glen Ord）酿酒厂外，北部高地产区的酿酒厂全都位于东海岸。这种空间上的近距离多少影响了威士忌的味道，使这里生产的威士忌带有一种明显的海盐味。总的来说，该产区的威士忌口感丰富，酒体适中，有时味道辛辣，夹杂着淡淡的泥煤味。

东部高地产区土壤肥沃、资源丰富：安格斯的莓果地，梅恩斯富饶的红土地，格兰盖瑞、阿伯丁郡、班夫和巴肯绵延起伏的山峦，城堡和高塔比比皆是。

东部高地产区的麦芽酒体介于适中与饱满之间，口感顺滑，带点甜味，但又有着高地地区典型的干爽的特点。该地区的威士忌含有麦芽味，通常还有淡淡的泥煤味。有时还混有柑橘、姜和香料的味道。这些威士忌是在昂贵的雪莉桶中熟化而成的，因此味道更佳。

西部高地地区的大麦作物受降雨量大和土地贫瘠的影响，酿酒厂规模小，大部分生产的威士忌都是供当地人饮用。

斯佩塞（Speyside）是苏格兰威士忌生产的核心地区：如今，该地区分布着苏格兰近三分之二的麦芽威士忌酿酒厂。埃涅阿斯・麦克唐纳在其出版的经典著作《威士忌》（1930 年）中写道："如果一个喜爱威士忌的人能毫无敬畏之心地走进这个几近神圣的领域，那他就不是一个真正的，或者至少不是一个很有鉴赏力的威士忌爱好者。"

斯佩塞麦芽威士忌香甜芬芳，但添加在混合型威士忌中的比例却并不高。1958—1974 年，该产区又兴建了 10 多家酿酒厂。斯佩塞产区的威士忌分为三大类——轻盈酒体、适中酒体和饱满酒体，大多不经过泥煤烘制。这些威士忌出色的口感，使其成为最复杂的麦芽威士忌之一。

苏格兰共有 790 座岛屿，其中 99 座岛屿上有人居住，但只有 6 座岛屿上有酿酒厂，分别是：阿伦岛（Arran）、吉拉岛（Jura）、马尔岛（Mull）、斯凯岛、刘易斯岛（Lewis）以及奥克尼岛（Orkney）。

岛上的气候属于海洋性，温暖潮湿，风大不宜农耕。酿酒厂尽可能地种植大麦，但除了提里岛（Tiree）和奥克尼岛以外，其他地区贫瘠的土壤和潮湿的气候使得大麦种植几乎不可能实现，必须依赖进口。此外，虽然泥煤资源丰富，但工业上切实可行、可用来烘烤蒸馏器的炭还是得从别处运来。这一切还不算困扰，之后将酿好的威士忌运往大陆的市场才是更为困难的。

不过，尽管有狂风暴雨，但岛上的冬季少有恶劣天气，棕榈树在有遮蔽物的地方茂密生长。这些小岛上生产的威士忌，不管是否经泥煤的烘烤，不管是有甜味的还是无甜味的，都拥有自己独特的卖点。

13

泰斯卡酒厂显然颇具规模，已辐射发展成一个小镇，来参观酒厂的人不少，我们去了两个停车场都没空位，最后在路边找到了一处停车位。

匆匆在镇上吃过午饭，我们急忙去酒厂车间参观。

我曾在“志雄走读”之《秘色日本》里写到白州的山琦蒸馏所，也就是山崎威士忌酒厂。日本人为何迷上威士忌？据日本作家野岛刚的说法，威士忌是明治维新时期在“文明开化”的名义上与西餐一同传入日本的。日本人迷上了威士忌的高贵味道，将它视为进步的象征。这种对威士忌的信仰从战前一直延续到战后，从未改变。也正因此，日本在威士忌的酿造技术上达到了世界领先水平，在各国屡获重要奖项。

我这次参观泰斯卡酒厂，觉得其与山琦蒸馏所的工艺大同小异。

我在《秘色日本》曾简略叙述过威士忌的生产流程。这里再引用一下《场所精神：苏格兰的威士忌酿酒厂》中更为详尽的介绍。

14

原材料

根据法律规定，麦芽威士忌只能由麦芽、水和酵母制成。苏格兰麦芽威士忌必须在苏格兰进行蒸馏、酿熟以及装瓶。自新石器时代以来，最早种植在苏格兰的谷物之一就是大麦。威士忌行业人士普遍认为大麦品种对威士忌的味道并不会产生很大的影响，但有些人对此有所怀疑。

过去人们常常认为，糖化水（“工业用水”）的品质至关重要，正是这种水导致了威士忌的差异性。如今，苏格兰的酿酒师普遍认为糖化水中所蕴含的矿物质含量和 PH 酸碱度均对威士忌的口感没有影响。

关于酵母也有类似的争议。传统上，酿造威士忌使用的是混合酵母，并且人们相信只有酵母才能产生果香味。而今，酿酒酵母已被弃之不用，据说也不会影响威士忌的口感。这让美国和日本的酿酒商感到非常惊讶，因为他们认为酵母菌是酿造威士忌最基本的元素。

泰斯卡威士忌酒厂

15

麦芽制造

麦芽制造是谷粒细胞壁被破坏的过程，如此一来，所产生的酶促使谷物中的淀粉转化为糖，糖在发酵过程中又会转化为酒精。在自然界中，这一过程发生在种子发芽时。淀粉存在于种子中，给予幼苗养分，直到它生根发芽。麦芽制造在某种程度上就是模仿了这一过程，它诱使种子认为春天已经到来，是时候苏醒并开始生长。

麦芽制造的第一步是将谷物浸泡在水中，在两天的时间内反复浸泡三次，并且进行适当的通风。这个过程主要是为了增加谷物中的水分含量，让每颗种子都充分地吸收水分。

接下来就是使谷物发芽。在过去，人们将种子直接撒在混凝土地面上使其发芽；如今，可以通过机械手段来实现。把种子放入大桶内，大约5天后，种子的细胞壁就会破裂，那么这些谷物就被“完全改性”了。

这个阶段需要注意的是，在幼苗消耗珍贵的淀粉之前就要使其停止生长——通过将谷物（又称“绿麦芽”）放入酒窖中，并使其在酒床上接受约30个小时的热风烘烤来实现。

如果酿酒师想要泥煤味威士忌，就要使用芳香泥煤来烘干麦芽。泥煤是由长时间被压缩的草、苔藓和其他植被组成的，这些压缩腐烂的植物从潮湿的沼泽地里被挖出来，然后晒干，最后形成泥煤。使用泥煤来烘干对酿熟威士忌以及所产生的口味有很大的影响。

16

研磨

储放大约一个月后，发芽的过程基本完成，晾干的麦芽经筛选过滤后被磨成“粉状”。麦芽粉碎机有两个滚筒：一个用来破碎谷壳，另一个用来研磨麦芽。这些经过精心设置的滚筒可产出70%的碎麦芽、20%的麸皮以及10%的麦芽粉。每家酿酒厂磨碎物的比例都是不同的，这种比例划分对于下一阶段的高效运作是必不可少的，但它对口味没有影响。

淀粉糖化

将淀粉与热水混合，然后倒进“糖化锅”（大型不锈钢或铸铁容器）中。淀粉则会在酶的催化作用下转化为糖。糖溶解于水，萃取出的液体将通过桶底部的穿孔流出来，人们称其为“麦芽汁”。这是一种不含酒精的甘甜液体，之后会被酿造成威士忌。麦芽汁的数量和质量决定了最终的酒精含量。其清澈度或混浊度也会影响威士忌的口感，因为浑浊的麦芽汁往往会带有一股谷物味。

发酵

冷却后的麦芽汁被注入“发酵桶”（一般使用落叶松、花旗松等松木制成，也有用不锈钢制成的）中，然后加入酵母菌，静置一段时间，在接下来的48小时内，里面的糖将会转化成等量的酒精和二氧化碳。在许多酿酒厂，这种液体（又名“酒醪”）就已经可以用来蒸馏了，但若酿酒师想要开发出一款口感层次更多样、清淡可口、带有浓郁的果香和花香的威士忌，则至少还要等待12个小时，以便麦芽汁进一步发酵。

‹17›

蒸馏

蒸馏是在罐式蒸馏器中进行的。威士忌通常需经过两次蒸馏，有些酿酒厂如欧肯特轩（Auchentoshan）则坚持采用三次蒸馏工艺来生产威士忌，以达到所需的浓度和纯度。这是一个分批操作的过程：蒸馏器通电开始蒸馏，静置，然后再次接通电源。

第一个蒸馏器被称为“酒醪蒸馏器”，主要是将酒精浓度约为 8%（由体积百分比表示）的麦芽汁进行蒸馏、煮沸，然后用文火继续蒸馏。因为酒精比水的沸点低，两者发生分离。整个运行过程结束后，大约三分之一的馏出物被保存为“低度酒”（酒精含量约为 21%）。将低度酒倒入容器中，加入少量的前期蒸馏出来的杂质成分，使其浓度提高到 28% 左右。然后再次将此

发酵桶

酒醪蒸馏器

混合物进行第二次蒸馏或倒入“低度酒粗馏液”容器中，用小火将其煮沸。第二次蒸馏的过程与第一次几乎一样，但蒸馏的速度更慢，因为这将影响威士忌最终的风味。第二次蒸馏最先流出的液体被称为“酒头”，浓度很高，含有杂质且气味强烈。酒头不适合酿造威士忌，人们通常会将其送回低度酒槽中重新蒸馏。

酿酒师认为要达到酿造威士忌所需的纯度，这个过程可能需要花费10～40分钟的时间。这是“整个运作的核心部分”，这部分馏出物被称为“酒心”，是带有明显威士忌味道的“新酒”。蒸馏器继续运作，直到“酒尾”部分流出完毕。像“酒头”一样，“酒尾”也散发刺激性气味。它们被收集起来转移至低度酒槽中，待与下一批酒醪混合后，等待新一轮的蒸馏。酿酒师保存“新酒”的时间长短对威士忌风味有着深远的影响。

18

酿熟

根据法律规定，蒸馏出的新酒必须在橡木桶中陈酿至少三年，才能被称为“威士忌”。很早以前，人们发现橡木是能催熟威士忌、葡萄酒和其他烈酒的最佳木材，因为它具有一定的强度、韧性、多孔以及化合物多样的特点。目前较为广泛使用的两种橡木桶分别由美国橡木和欧洲橡木制成。不同品种的橡木桶陈酿出来的酒会呈现出不同的口味和颜色。这些橡木桶除小部分可以直接用来酿制威士忌，其余的需要用波旁威士忌或雪莉酒调制，避免橡木味过于突出。

橡木桶有不同的大小。最常见的是容量为200升的美国标准桶。而苏格兰的橡木桶通常为250升，当然，容量为500升的欧洲橡木桶也很常见。

比起大木桶，小规格木桶酿制威士忌的熟成速度更快，关键因素是木桶的使用频率。也就是说，无论是“首次罐装”还是“再次罐装”，酒桶的活性成分会随着时间的推移而大为减少。因此，橡木桶大约经过三次罐装后，就会被丢弃，或者加以再利用，即刮掉表层成为新木材，进行重新烘烤和风干。

橡木桶绝不仅仅只是一个容器。在苏格兰有这样一句谚语：“好桶出好酒。”有人说，我们可以把橡木桶想象成一只蛹，把威士忌想象成一只毛毛虫。只有经过长时间的孕育，毛毛虫才会蜕变成蝴蝶。

橡木桶

除此之外，仓储的环境也有可能影响威士忌的风味。苏格兰传统的“铺地式”仓库低矮而潮湿，橡木桶也只能叠放三层。而现代仓库的空气温暖而又干燥，可放置七八层高的橡木桶。

那么，到底是什么原因造成了威士忌风味的不同呢？来自帝亚吉欧（Diageo）酒业集团化学研究院的道格拉斯·穆雷博士或许给出了最为恰当的解释：

“品尝威士忌时你或许能说出产地——事实上，如果你不能充分了解这个产地的文化精髓，你就无法理解威士忌中所蕴含的精神——但我们永远不会知道它到底是如何酿造出来的，我们也不想去了解。”

泰斯卡威士忌

19

泰斯卡蒸馏厂创立于1830年，现在隶属帝亚吉欧旗下。

《生命之水：苏格兰威士忌品鉴指南》认为：泰斯卡10年陈单一麦芽苏格兰威士忌的色泽是“丰腴的软木塞金色”；闻香是“新鲜的水果，皮革和烟熏水果，淡淡的海水咸味”；味觉是“香甜，烟雾缭绕，大麦芽味，皮革和少许焦油”；余味“悠长，温暖且带有烟熏味，迷人的甜味，焦油”。

该酒“可搭配一小块蓝纹奶酪，让其在口中慢慢溶化，温暖您的味蕾，您不妨在睡前喝上一小口，让它伴您安然入睡”。

胡杨偏爱威士忌，他感叹“苏格兰之魂在于高地，高地之魂在于威士忌”。

他一边喝着麦卡伦威士忌，一边和我聊威士忌的种种知识。

构成威士忌的元素：大麦、山泉水、石楠花、泥煤、海藻、橡木桶、海风、岁月——这些都是高地的本土元素，但是，其中橡木桶这一元素，有苏格兰本地属性，也有国际属性，体现了苏格兰的务实进取和国际视野。

苏格兰威士忌的橡木桶大多跟西班牙木头、美国某些州的橡树、法国葡萄酒庄用的木桶有各种交集。

有些威士忌橡木桶是从美国或者西班牙进口的，先在法国陈酿几年葡萄酒，之后再把空桶拿回苏格兰威士忌酒厂，陈酿威士忌短则十几年，长则50年，让人觉得国际感很强。

另外，大麦、山泉水、石楠花、泥煤、海藻、海风这些元素，则绝对和本土地理区域紧密相关。换一个地理位置，这些元素的味道就彻底不同。比如，斯佩河西岸跟东岸，北部跟南部高地。

艾雷岛的地域特点是泥煤味特别厚重，海藻味也比较丰富。而斯凯岛就是泥煤味和海风味。斯佩河区域是花香味和黄金大麦味。

这就是众多威士忌酒厂独一无二的“本土性”。每个酒厂的味道都没法在其他地方复制。

举个简单的例子，不同地方的山泉水的矿物质含量以及土壤的微量元素成分都不一样。山泉水流过岩土和植物之后，用来酿酒。岩石、土壤、植物，都影响了山泉水的味道。

总之研究之后，我对茅台、五粮液那些几乎就没有任何兴趣了，感觉茅台、五粮液没有灵魂——大自然的灵魂。

泰斯卡威士忌酒厂

第六章 | Chapter 6

斯凯岛（下）

ISLE OF SKYE Ⅱ

邓韦根城堡

斯凯岛风光

斯凯岛风光

波特里

1

离开泰斯卡，去邓韦根城堡（Dunvegan Castle）。

斯凯岛公路边的羊憨态可掬。苏格兰高地到处都能看到羊，也让我们真切地感受到只要这里的餐厅提供羊排羊肉之类的菜肴，一定很好吃吧。

我们还看到苏格兰高地牛，它的正面毛发凌乱，看起来有些丑，似早年的摇滚歌手那般乱蓬蓬的迷离。高地牛看起来比美国大野牛秀气很多。

苏格兰高地的场景是长卷式的，我的相机没有广角，因此拍出来的都是片段式的。去年夏天在瑞士，我欣赏着美好的自然风光，却没有感到如此窘困。

我不得不使用微信小视频来展现这种广阔无垠之感。激动感慨之余，我竟然自编自唱起“芳草地，碧连天，苏格兰高地”。我的老同事很惊讶，说这么多年，从来没有听到过我唱歌。

2

儿子在车后座继续发布苏格兰人的笑话：

麦克泰费舍前往医院尿检，拿起一个一升多的瓶子，里面全部是尿，递给了医生。检查完后，医生对他说：“费舍先生，您现在非常健康！”费舍兴高采烈地回了家，对妻子说：“亲爱的，我们俩，孩子们，还有桑迪叔叔的身体都是健康的！”

婚礼上的宾客：“费舍先生，这是您第三个女儿的婚礼了吧？”费舍：“是的，彩纸屑已经开始变脏了。”

费舍带着女友去美丽的尼斯湖划船，付了一个小时的钱，划着划着，突然下起了倾盆大雨。浑身被淋湿的费舍对他同样成为落汤鸡的女友说：“我希望租船的这一个小时快点过去，好让我们可以把船划回岸边。”

费舍在美国乘火车，他告诉售票处的员工：“我要去斯普林菲尔德。”“先生，去哪个？是密苏里、俄亥俄、伊利诺伊，还是马萨诸塞的斯普林菲尔德？”售票员问道。费舍说：“哪个的车票最便宜？”

如今，许多学者开始相信苏格兰人并没有发明高尔夫球。他们声称：苏格兰人绝对不会发明出一种有较大可能找不到球的运动。

苏格兰曾有一段时间实行公交车“下车付钱”的做法，人们有一次在公交车内发现了两个活活饿死的人。

麦克纳博永远不会忘记他不小心将威士忌洒到地板上的那次。到现在，他的嘴巴里还留有木刺！

一个乞丐准备用聪明的方法去讨点钱，他在麦克德格家的前花园中跪着，开始啃食花园里的草。麦克德格打开窗户，询问乞丐在干吗。“我快要饿死了！”乞丐说道，“没钱，只能吃草。”麦克德格却热情地回答：“快进来！我带你到后花园去，那里的杂草长得多！”

苏格兰高地牛

斯凯岛风光

这本苏格兰人笑话集出自伦敦的出版社，估计是英格兰人采编的。我在“志雄走读”之《新西（兰）游记》中也写过，新西兰人与澳大利亚人喜欢互相讲对方的笑话。其实，这只能表现出两者之间的相似性。作为中国人的我，即便在苏格兰住上十年，也编不出这类笑话。

3

直到今天，13 世纪的邓韦根城堡及其花园仍然是麦克劳德（MacLeod）家族族长的宅邸。在苏格兰目前尚有人居住的城堡中，邓韦根可以说是最古老的一座了。现在，这座城堡所扮演的角色早已不是抵御入侵，而是作为斯凯岛最著名的地标性景点向游客开放。

第三十任族长休·麦克劳德如今依然居住在祖上世居的城堡中，有一段 12 分钟左右的介绍邓韦根城堡及其家族的视频资料。

苏格兰历经维京人、罗马人和南方英格兰人的入侵，以及入侵英格兰的诺曼人的渗透。这些人中的一部分留了下来，最终都成了“苏格兰人”。

苏格兰高地上最初的宗族、低地和边区的大家族是由家族、亲属、盟友和邻人聚集在一起，以共同保护自己免受敌人或侵略者的迫害。

宗族（clan）一词源于盖尔语中的“clann”，意为后裔。随着社群在峡谷和山间要塞的部落周围逐渐成形，人们在数个世纪以前首次使用宗族一词。

几个世纪以来，宗族的形式发生了很大的变化，但在全盛时期，族长及其家族像受托人一样代表所有族人持有土地。一般宗族里的男男女女都坚信，自己与宗族的创始人有着血缘上的联系。

责任和义务是双向的。不称职的族长可能会遭到罢免，然后由更有能力的人取代。

宗族子弟与族长的关系就像成年子女和父亲之间。他们以家族为荣，也非常有尊严。

宗族关系的概念由来已久，是一种逐渐渗透且较为封建的权威观念。

到了公元6世纪，苏格兰作为一个国家开始在肯尼思一世（Kenneth I of Scotland）统治时期逐渐成形。

一些族长声称自己是古代国王的后裔，但无从考证。

到了十二三世纪，宗族和大家族受到苏格兰君主的强烈控制。土地被当作奖励，但受到王室越来越多的监管。即便如此，地区宗族族长的权力仍然很大。

为抵抗英格兰君主的扩张理念，苏格兰与英格兰双方展开了漫长的战争，此举扩大了一些苏格兰宗族的影响力，并逐渐缩小了其他宗族的土地。

例如支持苏格兰国王罗伯特·布鲁斯的人得到奖励——占有并继承了曾

邓韦根城堡

反对罗伯特的家族的领地。

在“声名狼藉”且具有争议的苏格兰边区，一些大家族因为拥有尚武之人而恶名昭彰。这些尚武之人对突袭英格兰习以为常，偶尔也会内斗。

族长有权执行正义，没收土地，而宗族之间的战争则造就了一个推崇武德（勇气、大胆、坚韧）的社会。

随着苏格兰君主越来越把重心放在低地（部分放在英格兰），宗族和王权之间的关系逐渐变得紧张起来。

高地宗族说的是盖尔语，不同于苏格兰低地及王室成员，后者说苏格兰语，到了现代则是英语。

高地人的穿着也与众不同，而且有着不同的风俗习惯，其周围荒芜的山地对生活在低地的人来说几乎是完全陌生的。

值得强调的是，盖尔语的文化非常丰富，故事、诗歌、风笛、竖琴和其他音乐都很繁荣，且备受尊敬。

必须强调的是，盖尔文化与苏格兰的其他文化不同，既不低劣，也非不成熟。

不管是伦敦还是爱丁堡的中央政府，有时都将说盖尔语的宗族视为对其权威的挑战，还会派遣远征队，前往苏格兰高地和西部地区，以瓦解各岛屿领主的权力。

尽管如此，18 世纪詹姆斯二世党人为了让流放的斯图亚特王朝继承王位而起义时，他们得到的支持主要还是来自高地宗族。

1746 年，查尔斯王子彻底溃败后，迎来了一场苏格兰民族清洗运动。宗族族长的权力被削弱，苏格兰格纹和风笛也在法律上遭到禁止。

许多人移居国外，一部分人是自愿这么做，而另一部分人则是因为遭到武力驱逐。此外，许多高地人前往南部的城市寻找工作。

邓韦根城堡

宗族的许多土地变成了羊群的生息地和猎鹿场。

不过，宗族、低地和边区大家族好战的传统留存了下来，其后人在两次世界大战期间为自由而勇敢奋战。

宗族的精神、扎根的精神，不管是在高地还是低地，对成千上万的人而言意义非凡。

4

自 8 世纪末以来，苏格兰西部受到维京人和北欧人发起的一系列猛烈攻击；这些人从挪威南下，在设得兰岛定居下来。维京人和北欧人利用北部的群岛作为他们掠夺行动的总部；到了 12 世纪末，其后人——马恩岛的众国王，凯尔特人和北欧人的混血——也统治过斯凯岛所在的赫布里底群岛。

据宗族传统，人们认为，麦克劳德家族是一位维京祖先劳德（Leod）的后裔，劳德是马恩岛和北方群岛的国王奥拉夫·布莱克（Olaf the Black）之子，他生活在 13 世纪，是一位非常有影响力的族长。在挪威国王把赫布里底群岛割让给苏格兰国王时，他利用随后出现的混乱局面，将自己的领土扩展到斯凯岛的大部分地区、刘易斯岛和哈里斯岛的相当一部分地区，以及包括阿平（Appin）在内的一部分陆地。

据说，劳德迎娶诺尔斯家族的女继承人后，得到了位于斯凯岛的邓韦根城堡。

诺尔斯家族在 13 世纪初拥有斯凯岛的大部分土地。1280 年左右，劳德逝世。根据斯堪的纳维亚人当时的传统，劳德的土地被分给两个儿子——西奥·托莫德和西奥·托奎尔。正是这次划分使该家族形成两个独特的分支——拥有哈里斯岛、格莱内尔格和邓韦根城堡的麦克劳德家族，以及拥有刘易斯岛和阿辛特地区的麦克劳德家族。

我们对这一时期的麦克劳德家族或其族长知之甚少。当地留存下来的记载也相当有限。

5

据说，14 世纪时，格莱内尔格的马尔科姆·麦克劳德爱上了格莱内尔格的弗雷泽之妻。马尔科姆在一次密会后回家的路上，碰上了一头凶恶的公牛。

他不停地击打公牛的脖子，最终杀死了这头公牛。在争斗中，公牛还折断了一只角。这只角后来被做成了一只顶端饰银的酒杯，并以一位著名的麦克劳德族长的名字命名——罗里·莫尔（Rory Mor）杯。

很久以前，邓韦根的一位麦克劳德族长前往因弗雷里（Inverary）拜访阿盖尔伯爵。这位族长抵达之后，受邀参加处决一名坎贝尔人的活动，此人行为不端，等待他的处决方式是被一头公牛撞死。

当这名男子被带进竞技场时，他表现得非常镇定，因此麦克劳德族长请求释放他，但阿盖尔伯爵表示这是不可能的。

麦克劳德族长询问自己是否能跳进去救出这名男子，然后释放他。阿盖尔伯爵勉强同意了，但补充道：“你会丧命的。”麦克劳德族长一跃而下。

邓韦根城堡内部

麦克劳德家族纹章

在公牛低下头准备进攻时，他抓住公牛的其中一只角，在自己被抛来抛去时紧紧抓住牛角。

一位观众大喊道："坚持住！"

麦克劳德族长照做了，并成功用自己的长匕首刺伤公牛。据说，这就是为什么直到今天，公牛头和"坚持住"（Hold Fast）这一座右铭一直刻在哈里斯岛麦克劳德家族的纹章上。

邓韦根城堡的展品中有一件牛角状酒杯，每一位新任族长都必须把里面的酒一饮而尽，方能继承其位。

6

过去的7个多世纪里，斯凯岛上的邓韦根城堡一直为同一个家族所使用，使其成为英国一直有人居住的最古老的城堡之一。

这些古老的城墙从海湾岩石峭壁的顶端升起，是20多代麦克劳德家族族长的住所。城堡三面环水，靠陆地的一面有一道壕堑，宽60英尺（约18米），但深度已不如中世纪时那么深。直到200年之前，进入城堡的唯一方式都是通过海门（Sea Gate），陡峭的楼梯通向山石的一侧。城堡直到20世纪30年代才对外开放，人们可以通过一座桥进入。

著名历史学家格兰特博士如是形容邓韦根城堡：

在整个麦克劳德家族的历史中，有一条关于坚韧的主线让他们实现家族的座右铭——"坚持住"。这种坚定不移的态度，在维系族长及其族人的纽带时，是再好不过的了。

在其他任何一个宗族中，这种联系都没能如此始终如一地保持下去。档案记录显示了历任族长是如何忠实地继续履行自己的义务。

医生得到保护，这符合古老的岛屿联盟的优良传统；鼓励教育，并在修路上投入了浩繁的开支，在粮食短缺时进口谷物，农业改良与国内最有见地的方法保持一致。

邓韦根最贵重的物品——仙女旗。仙女旗有一千多年的历史，尺寸为4英尺×2英尺（1.22米×0.61米）。据说仙女旗来自家族的挪威祖先，很可能是一件战争时期保存下来的圣衣，作为代表幸运的遗物。

一则家族传说向我们描述的是，一位来自仙境的公主嫁给了麦克劳德家族的族人。仙女受到召唤返回仙境时，脱下了自己的斗篷作为告别礼物，这便是仙女旗。另一则传说是，麦克劳德家族的一位继承人出生后，照看婴儿的保姆悄悄溜出去饮酒作乐，被褥从婴儿身上滑落，仙女们用一面丝绸一样的旗帜裹住了婴儿。保姆回来后，将婴儿抱进大厅，空中传来神秘的声音，称这面旗帜拥有魔力。

如果在战争期间拿出仙女旗，就可以确保获胜，并让敌人相信，麦克劳德家族的战士比其实际拥有的还要多。一次，麦克劳德家族的人数远不及拉诺德家族，于是麦克劳德家族取出仙女旗；再之后，在拉诺德家族来看，麦克劳德家族的人数增加了十倍。

仙女旗由每一任守护者卷起来带到战场上，因为麦克劳德家族认为，只有在发生诸如瘟疫威胁族群之类的危险时，才能打开仙女旗。人们普遍认为，照管好仙女旗的话，可以保佑该家族世代相传，并把鲱鱼带到湖里，预示着繁荣昌盛。不过，据闻仙女旗只能挥舞三次，如果再挥一次，就会从地球上消失。

仙女旗

7

16 世纪，宗族之间一个不变的主题就是世仇。国王无法维持秩序，于是利用一些宗族试图控制其他宗族，引起了许多麻烦和怨恨。麦克唐纳家族和麦克劳德家族一直彼此对立，弗雷泽家族则是另一个仇敌。

一位麦克劳德家族族人为了报复麦克唐纳家族对自己属下所做出的暴行，袭击了麦克唐纳家族的据点埃格岛。然后爆发了最卑劣血腥的事件。麦克劳德族人发现岛民们都躲在一个山洞里，于是下令在洞口生火，浓烟让洞里的所有人窒息而死。

随后，麦克唐纳家族进行反击，向斯凯岛派遣了大量的战士。这些战士在邓韦根附近登陆，当时麦克劳德家族的许多族人正在邓韦根参加教堂礼拜。

邓韦根城堡内部

教堂被点燃，很多族人被烧死，有一位女子逃脱出来并将这一暴行告知族长。

族长立刻准备向敌人进军，但看到敌人的大队人马靠近城堡后，便带领族人撤退，随后取出仙女旗。仙女旗在麦克唐纳族人眼前挥舞，他们立刻陷入了幻想的魔咒，觉得自己的人数远远不及对手。麦克唐纳族人转身逃跑，其中许多人在试图登船时被杀害。

16 世纪，麦克劳德家族就族长地位产生内部分歧而分裂。在随后的权力斗争中，许多无辜之人惨遭谋杀。在一段时间内，麦克劳德家族甚至由一位独裁者掌管。最后，家族成功解决了继承问题，宗族族长地位和土地本身再次结合在一起。同一时期，麦克劳德家族在刘易斯岛的分支也发生了许多争端，这些争端持续了 50 年，并最终导致了该家族分支的毁灭。

8

1596年，苏格兰政府要求高地所有族长出示地契，以证实其所有权。刘易斯岛的族长未能提供必要的文件，于是其名下的土地被没收。这些土地移交给了低地一群被称为“法夫冒险家”（Fife Adventurers）的绅士手中。

政府的想法是，这群人会征服这座岛，并使渔业等当地产业创收。按照计划，一部分利润要返还政府。

毫不奇怪，这一要求遭到了强烈的反对。经过多次冲突，这些冒险家被迫放弃，打道回府。1608年，政府再次尝试，依然没能成功，但持续50年之久的争斗早已削弱了这些岛屿原有的实力，因此麦肯基勋爵在1610年发动进一步攻击时，岛上的家族根本无法抵挡进攻。

麦克劳德家族族长尼尔坚决抵抗，直到后来岛上大量的妇女和儿童面临被溺死的威胁时，他才被迫投降。尼尔在爱丁堡被处死，而刘易斯岛则落入

邓韦根城堡内的小书房

麦肯基家族的手中。

1596 年，邓韦根城堡麦克劳德家族族长罗里・摩尔也未能提供地契，土地同样被没收了。不过，这些土地因为 1611 年的王室宪章中的规定，又还给了罗里・摩尔。在那个时候，罗里・摩尔似乎得到了国王施与的恩惠。

罗里很聪明，是第一位学会写作的麦克劳德家族族长，也足够精明，能对中央政府强有力的统治采取正确的态度。关于地契这条严格的规定最终被否决。麦克劳德家族的财务状况在 16 世纪遭受重创后再度好转，经济则变得更为强劲。

罗里积极引领人们对风笛和诗歌这类生活中美好的事物产生兴趣。他的家庭培养出了玛丽・麦克劳德，玛丽使用盖尔语写的诗歌在 17 世纪得到了极大的发展。

1649 年，英国国王查理一世被处决，麦克劳德家族站在了斯图亚特王朝一边。1650 年，查理二世受邀前往苏格兰，并组建了一支军队，试图重新夺回王位，但在邓巴战役中被彻底击败。

随后他又组建了另一支军队，主要由高地人组成，其中包括麦克劳德家族一支极强的队伍。这支军队由查理二世本人领导，于 1651 年在伍斯特碰上克伦威尔手下一支训练有素的军队。一场战争在此展开。麦克劳德家族的战士是高地人的主力，他们英勇奋战，坚韧不拔，无奈的是他们寡不敌众。最终，人数众多的敌军力量占据了优势，而高地人则退回到先前遭炮火严重摧毁的伍斯特。大约 3000 人被杀，很多人在战斗中丧生，其他人则是在试图逃跑时被杀。大约 700 名伤亡人员是麦克劳德族人。

苏格兰人为抵抗克伦威尔入侵而做出的勇敢努力宣告失败。和大多数宗族一样，麦克劳德家族不得不与新政府言和——以一大笔钱买来和平。

麦克劳德家族因为查理二世损失惨重，但在查理二世最终复辟后，却没能得到任何感谢。

族长罗德里克对这种忘恩负义的行为感到愤怒不已，并发誓家族再也不会为斯图亚特王朝而战。

因此，麦克劳德家族几乎没有参与18世纪詹姆斯党人的叛乱。

比较有意思的是，邓韦根城堡很好地保存了查尔斯王子在1745年叛乱背景下的浪漫主义“情怀”：比如查尔斯王子逃避英国红衫军追捕时所乘坐的船只；弗洛拉·麦克唐纳的绣着部分1745年叛乱受害者姓名的针线包；还有弗洛拉从查尔斯王子头上剪下来存放在盒式项链中留作纪念的一绺头发。

斯凯岛上还有救助查尔斯王子的少女弗洛拉的故居（现在是弗洛蒂加里酒店），曾经是麦克唐纳家族据点的已废弃的邓图姆城堡，以及弗洛拉的纪念碑。

麦克里蒙家族（Mac Crimmons）——苏格兰最著名的风笛手家族——是麦克劳德家族的氏族，数个世纪以来都是族长身边的世袭风笛手。该家族在斯凯岛的博瑞格拥有一所学院。

约翰·杜布·麦克里蒙是家族里最后一位担任这一世袭职位的人员，于1795年决定移居美国。但他心里并不情愿，抵达位于格林诺克的登船港口后，对故土的热爱动摇了他，于是又返回到了斯凯岛。

许多高地人，包括麦克劳德家族在内，在军团里表现依旧出众。比如麦克劳德族长带领族人在美国独立战争中战斗，族人以勇敢和果决在众多战斗中脱颖而出。族长从美国回来后，于1780年组建了“黑卫士”第二营；另外，让他引以为豪的是，大部分手下的“士兵”都冠上了麦克劳德这个姓氏。

城堡内部

·9·

上面部分内容来自邓韦根城堡内一本关于麦克劳德家族的小册子。读着高地宗族的各种细节，苏格兰的历史顿时丰满起来。

我确实惊讶于古堡竟然由麦克劳德家族独自统治了近 800 年。我们所谓的百年老店都不一定有百年历史，而他们是 800 年！城堡应该比企业更难经营吧。

邓韦根城堡花园

朋友圈好友的评论也有意思：

> “800 年啊！查了一下，1219 年正是南宋嘉定十二年，这个家族值得了解”“装修看起来都是新的啊，水管电线应该重整了不知道多少遍”“英国没有白蚁吗？里面全木的装修如何保养 800 年？”“苏格兰气温低，不适合白蚁生长”“城堡主体结构能坚持这么久吗”“城堡的洗手间咋样”“用水用电排污怎么处理”。

我喜欢城堡内的小书房，想象坐在孔雀毛图案的躺椅上，从身后的书架中抽出一本书，翻两页，惬意。其实，我在上海家中的书房也是这种状态。

我们正要去城堡的花园，忽然下起大雨，因为外衣在车上，只能依依不舍地朝花园那里看一眼，赶紧回车上。

其实，如果天气好，我们还可以乘船游览邓韦根湖，近距离观察海豹聚居地，或者可以租一艘传统的鱼鳞式木壳船在湖上巡游或钓鱼。

下午 5 点，对夏天的苏格兰来说还有很长的时间可以闲逛，黑夜要到晚上 11 点才来临。

天气预报显示会有雨，我看着天边越来越多的乌云，心想若能在白天顶住就好了，夜里再下雨吧。

原本计划出发去内斯特岬灯塔（Neist Point Lighthouse）看夕阳。现在肯定是看不到了，而且推荐我去的朋友说，去那里的路不好开车。

我在车里想了一会儿，决定回住处。

我们在斯凯岛最大的镇子波特里住宿，原以为这里的餐厅比较多，没想到附近的餐厅全都客满，我们只能在超市里买了一些熟食回民宿打发晚餐。

10

下了一夜的大雨。

早上起来，还是大雨。

如果在城市里，找个博物馆看看也可以。但在高地，好像只能选择冒雨投入大自然的怀抱。

我在屋内无聊地翻阅《奇怪的苏格兰》。

苏格兰有史以来最糟糕的天气：1995 年 12 月 30 日，索色兰郡阿尔特纳哈拉村（Altnaharra）的温度为零下 27.2 摄氏度，这是英国有史以来记录的最低温度；1953 年 6 月 26 日，邓弗里斯郡埃斯克代尔米尔（Eskdalemuir）教区半小时内的降雨量超过 80 毫米；1986 年 3 月 20 日，阿维莫尔镇北部凯恩戈姆山的风速达到了每小时 173 英里（约 278 公里），是官方有记录以来的最大风速；2012 年 9 月，阿伯丁富特迪渔村的房屋被一层一英尺（约 30 厘米）厚的乳白色泡沫覆盖（实际上是狂风裹挟着沙子和水形成的混合物）。

科伊尔－布雷肯（Coire Bhreacain）在盖尔语中意为“海洋中的凶险之地”，指的是位于赫布里底群岛尤拉岛和斯卡巴岛之间的一条狭窄海峡。作为世界第三大天然漩涡，其掀起的海浪高达 30 英尺（约 9 米）。因此，英国海军部曾发出过无数次警告。据《苏格兰人报》报道，英国皇家海军认为此处无法通航，但只字未提游泳的情况。当地的独腿农夫比尔·邓恩（Bill Dunn）竟成为横渡该漩涡的第一人。有意思的是，他也是《一九八四》的作者乔治·奥威尔的姐夫。

据报道，2013 年 1 月，当四只巨大的猪油桶漂到阿伯丁郡圣塞勒斯当地自然保护区的海滩上时，一群海鸥兴奋不已地盘旋着。令人难以置信的是，桶里面的猪油已经有 70 年左右的历史了。这些本是一艘商船的货物，但在第二次世界大战期间被敌人击沉于东海岸。这么多年来，桶逐渐被腐蚀。每隔几年，偶尔会有一场大风暴将亮白色的猪油冲到海岸上。20 世纪 40 年代和 50 年代，当地人会把猪油收集起来，煮开后滤去沙子。附着藤壶的猪油闻起来仍然很鲜美。不过，如今似乎没有人会冒险去吃这些猪油，除了海鸥和随主人一起出去散步的狗狗。

11

中午 12 点，雨似乎停了，我们赶紧出门。

今天的行程是从波特里北上，终点是奎雷因（Quiraing），山崩地貌状的巨型岩石山。

可是我导航后发现，奎雷因离我们的住处只有 500 米。怎么回事？走过去看看，才发现是一家同名的旅店。当地人说奎雷因离这里有 15 公里，看来这个名称已经被旅店占用了。

还是老老实实地开车，一步步按线路来，先去第一个景点老人峰（Old Man of Storr）。

沿着海岸公路行驶，途经法达湖（Loch Fada）和利安湖（Loch Leathan）所组成的施托尔湖区（Storr Lochs），这里是岛上小型水电站的养命之源。

在路上，我感觉天色很像来苏格兰第三天大雨前的氛围，当时我们在格伦科峡谷穿行。

途中遇到一面湖和两只小船，有种“野渡无人舟自横”的意境，但背景不是原诗意中的幽隐，而是辽阔。

到了老人峰山下，对面的海面景致淡雅，如水墨画。

我们往老人峰上攀爬，山下的水景很赞，原以为爬得更高，景色愈加精彩，谁知还不到半个小时，山上山下已在浓雾之中，什么都看不见了。我们便往回撤。

我从朋友圈得知在美国的大学女同学也在苏格兰高地游玩。没想到我在往上攀爬的时候，她碰巧下山，还叫了我的名字。当时我正在接一个没法切断的电话，或者说是猝不及防，我只能答应了一下。

她呵呵一乐，说："你真的认出我来了？"

我说："当然。"

估计她从朋友圈里得知我也在这里游览，所以是有"偶遇"可能的，否则在雾气弥漫的环境下，彼此是很难相认的。

一位美国的朋友感叹："神奇重逢的场面被你一笔带过，可惜了。"也有朋友说："他乡遇故知却匆匆而过，可能是拜现代通讯方便所赐，地球人在村里都有朋友圈，不再有古人那种久别重逢的激动。"

我当晚看到她在朋友圈上传的老人峰顶上的景色，都在浓雾中，平淡无奇。

斯凯岛风光

有一张老人石的图是在天气条件最好的时候拍的，巨型岩石在夕阳的照耀下金光闪闪。

室外观景，是需要看大自然的脸色的。

12

我们犹豫着接下来去哪里，如果周围都是大雾，奎雷因和其他计划去的地方都不用去了。

我有点后悔，原本是想把今天的线路放在昨天的，昨天是晴天，而昨天去的泰斯卡蒸馏厂和邓韦根城堡都是可以雨天参观的。

其实我昨天早晨也很纠结，但最后决定赌一把，因为昨天线路的终点是内斯特岬灯塔夕照，太浪漫了，太有诱惑力了。

结果我错过了，昨天黄昏就开始下雨。

现在是下午 3 点多，回去是不可能的。往前开，碰碰运气吧。

开了一会儿，我们见风景不错，停车。

这是一处草原和湖泊结合的地貌。可惜我的相机不能拍全景，没法反映出全貌。

前文说过，这是苏格兰高地景色的特点，局部总是很勉强；而我去年在瑞士拍自然风光，局部一样很美。

接下来的场景让我惊呆了，我从没有看到如此销魂的色彩与壮阔的场面。

一叶扁舟漂于水天一色之间

朋友圈留言踊跃：

“云卷云舒喜欲狂”“若能驾一叶扁舟漂于水天一色之间，不知会有何等的领悟和感叹！”“如此色彩的云，唯有其后藏着的光使然。有时候我们不能直接见到光，通过云的影、风的暖感受到光无所不在，就像爱我们的神一样”“云层非常美，加上背后的光影映照，更增添一种变幻”“有限的我们去看无限的神所创造的天地万物，处处是奇迹”“美国抽象表现主义的代表罗斯科是否在此受了启发，哈哈”“有得有失，一切都是最好的安排”。

我其实非常喜欢海天一色，这种细腻的色彩与光极为抽象微妙，有美国抽象表现主义的格调，但精神更为博大。

我顿时心生平静。这种氛围只有雨天才能有，今天能看到这种场面，我心满意足。

我推测这里大概是南罗纳岛（South Rona）、拉塞岛（Rassy）连接斯凯岛之间的地方。

13

车没开多久，我们发现对面有很多车辆停靠在路边，一定是有什么景色吸引了大家。我们穿过马路停车，走过去，发现是一个旅游景点，还有不少中国游客。海景与我们刚才看到的差不多，不过刚才的景致寂静得令人战栗；这里的人太多了，极大地干扰了我们观赏的注意力。

我们已经习惯了几个人在野外的某处风景前看一会儿，独自面对空旷寂寥的大自然，念天地之悠悠。

不过这里还是有些别样的景色，山谷与海相连，山谷中偶有瀑布。望向远处的大海，峡谷呈现出 V 字形。

其中一条瀑布的水流是棕黄色的。好友解释：“俗称可乐河，在南美洲很常见，一般是腐叶枯枝泡在水里造成的。”

斯凯岛风光

斯凯岛瀑布

裙岩悬崖

儿子为了拍山谷的瀑布溪流，跑到有点危险的地方，热情认真地拍照。他妈妈吓得尖叫，我则开玩笑说：“你经常说他不够勤奋，他现在进入状态了，你却害怕了。男孩终究会成为男人，冒险是必须的。”

有一对外国夫妇也跟着我儿子下去了，待他们上来时，那个妇人突然腿软，差点掉下去，被她丈夫一把拉住。

我从远处拍了一张儿子的照片。我希望他敢于冒险，像老爸一样，但不要失去生命。

这几天儿子也拍了多张胡杨的照片，很生动。我在朋友圈写道：“这是儿子拍的胡杨叔叔的照片。儿子，我最近一直观察你和胡杨叔叔的互动，你们谈论各种东西，挺好。记住，同辈人可以与你一起玩耍和聊天，但真正帮助你的往往是上一代人，就像我仍然对帮助我的上一代人心存感激。我知道你对我的话假装不在乎，但你会认真看我的朋友圈。”

根据一些景点介绍，我推测棕黄色瀑布属于莱尔特峡谷（Lealt Gorge），前面就是裙岩悬崖（Kilt Rock Cliffs），Kilt 的本意为“苏格兰短褶裙”。悬崖外观上呈现一泻千里、直入大海状，可谓地如其名。

14

车开了没多久，就到发现恐龙化石的区域了。

1994 年，好莱坞大片《侏罗纪公园》上映后不久，斯凯岛上所发现的一块化石将我们带回了 1.7 亿年前。

英国石油公司的地质学家们在被称为斯塔芬（Staffin）地区的瓦尔托斯进行野外实地考察时，发现了一块化石，后经格拉斯哥亨特博物馆证实，这是一块侏罗纪中期蜥脚类恐龙的肱骨化石。

斯凯岛风光

2016 年，斯凯岛北部邓图姆附近的凯里德格卢迈格湾（Cairidh Ghlumaig）发现了 1.7 亿年前由大型蜥脚类食草恐龙留下的手印与足迹；2018 年，爱丁堡大学研究人员发现了斯凯岛的第二处蜥脚类恐龙活动痕迹——由大约 50 个脚印组成，位于特罗特尼什半岛鲁巴南勃拉瑟兰的潮汐区。据说大部分足迹都出自长颈蜥脚类恐龙（高达 2 米）和同样大小的兽脚类恐龙（霸王龙的古老远亲）。这一追溯到 1.7 亿年前的发现对于全世界来说都有重大意义。

每到冬天来临时，邓图姆城堡废墟下方的凯里德格卢迈格湾都会承受着从明奇海峡吹来的猛烈寒风。但在 1.7 亿年前，这里不是高地，气候更加温和，环礁湖拍打着特罗特尼什海岸。也就是说，现在的特罗特尼什半岛，那时是环礁湖环绕着的小岛。

科学家指出，这些脚印揭示了它们是诸如雷龙与梁龙等更为人们熟知的恐龙的早期远亲。斯凯岛上的恐龙至少能长到 15 米长，体重超过 10 吨。蜥脚类恐龙在沿海以及浅水地区生活过较长时间，而在这之前，人们一直认为

大型恐龙是纯粹的陆地生物。

斯塔芬博物馆负责人、古生物学专家杜加尔德·罗斯解释说：

“单独某个脚印本身固然有其存在的意义，但这些脚印是成排出现的——你可以清楚地看到它们以某种有规律的图案出现，这正是这些脚印的发现如此重要的原因。

“这些脚印看起来有点像坑洞，但它们成排出现的事实表明，这绝不是天然形成的。而这些脚印之所以令人叹为观止，是因为它们一直留在‘原地’而没有遭到任何破坏。”

爱丁堡大学地球科学学院的史蒂夫·布鲁塞特博士负责对邓图姆地区的研究，他认为斯凯岛以后还会陆续有新的发现。

史蒂夫教授说道：“我们会继续对斯凯岛展开研究。这里已经逐渐成为全球最重要的一处恐龙化石发掘点。距离在这里发现第一块恐龙化石只有 30 年左右，所以说我们在这里的研究也只是触及皮毛而已。在全球仅有的几处出土过侏罗纪中期恐龙化石的考古地区中，斯凯岛位列其中，可见它在全世界范围内的重要性。”

15

关于恐龙化石发现的过程及内容很丰富，但这里的景色与前面的区别不大。而我的精神放松到了极点，竟然一个人情不自禁地摇摇摆摆，跳来跳去。

我已经记不得什么时候如此放松了，尤其在没有喝酒的状态下。

至少已经有 20 多年没有过了。

我想起很多年前的美国电影《雨中曲》，里面的人物也是在雨中跳啊跳的，手舞足蹈，忘乎所以。当然影片中人物的舞蹈是艺术性的，我则犹如酒醉，但无比的快乐是一样的。

我一个人蹦蹦跳跳了好久。早年我最喜欢的庄子，他不也舞之蹈之？

16

车刚开动，胡杨和儿子惊呼前面是“新阿斯加德”（出自电影《复仇者联盟4》）。我没看过电影，并不清楚。

不过确实有许多电影是在斯凯岛拍摄的，《苏格兰的影视取景点》中介绍：

作为赫布里底群岛最大的一座岛屿，斯凯岛长约50英里（约80公里），将其和苏格兰大陆连接起来的是一座公路桥和那些往来的渡船。无论是电影《破浪》（1996年）中的取景点——岛屿西端的内斯特岬灯塔，还是浪漫喜剧《新郎不是我》（2008年）中出现的凯尔瑞亚渡船（凯尔瑞亚是位于斯凯岛东部的一座小镇，那里有往返格莱内尔格的渡船，已有数个世纪的历史），这座岛屿的每一个角落都留下了电影制片人的足迹。

一些与斯凯岛有关的传说都会涉及巨人。现实中斯凯岛的地理环境包括奎雷因的山崩地貌以及火山喷发所形成的库林山脉，所以当那些给斯皮尔伯格电影《圆梦巨人》（2016年）制作视觉特效的团队（他们之前为系列电影《指环王》制作过视觉特效）把岛上原本的地理环境虚构成巨人国的时候，我们并不会感到突兀。当小苏菲透过伦敦孤儿院的窗户往外张望的时候，友好且温柔细语的巨人带着她来到了巨人国。这部电影的另一个亮点是斯凯岛上的仙女池峡谷那被青草覆盖的山丘；另外，在奇幻电影《星尘》（2007年）

中也有死水女巫萨尔将她的大篷车停在仙女峡谷的一幕。应该说仙女峡谷可谓是拍摄那些科幻故事的理想场景。

在 2015 年的电影《麦克白》中，从战场凯旋的麦克白成为考德领主，我们可以看到他身后位于斯凯岛北部的奎雷因典型的山崩地貌形成的高低起伏的山川。而南边风景如画的斯利格亨峡谷，正是麦克达夫夫人被谋杀的地方。

奎雷因山崩地貌的独特风景也给电影《星尘》中的女巫拉米亚带来了力量，而电影《白雪公主与猎人》（2012 年）中，美丽又邪恶的女王雷文娜命令猎人追捕白雪公主时，就曾穿越奎雷因山崩地貌。

这里的风景之所以如此令人陶醉，也与老人峰独特的造型及周边环境有关。雷德利·斯科特执导的电影《普罗米修斯》可谓星光熠熠，在影片开头部分，两位考古学家就在老人峰的地下洞穴中发现了一张星图。你可以在岛上最大的小镇波特里停留片刻并享用一些美食，你或许还会想起电影《哈利·波特与凤凰社》中提到过的一支名为波树之光队的魁地奇队伍。

17

“新阿斯加德”对面有一家印度人开的小卖部倒是占据了绝佳的地理位置。我们买了汉堡、热狗与热茶，在外面边吃边看风景，倒也挺惬意。

不知是我们无知，还是这一路的服务设施太少，反正我们只看到过一处厕所，小便经常是躲在草丛中就地解决。就餐则做好一天只吃两顿的准备，遇到小卖部有东西可以吃，不管好吃与否，先填饱肚子再说。

我们面对的斯塔芬地区可谓是斯凯岛上典型的小片农田耕作（crofting，苏格兰独特的土地所有形式下的一种农耕体系，给土地的保有权提供了法律依据）区域。小片农田耕作于20世纪提出，其目的是为了结束高地大清洗运动所带来的不平等。我在前文中提到过，这场运动始于18世纪中晚期，后来一直间歇性地持续到19世纪中期，数十万人被大地主强迫离开自己的土地，其目的是为所谓的“农业改良”让路，比如大规模牧羊以及森林猎鹿。

斯塔芬地区的小片农田主要集中在岛上多沙的海湾。从很大程度上来说，苏格兰今天的农业以牛羊养殖为主，小片农田耕作为辅。除小片农田耕作，不论是作为主业还是副业，耕作者都另外拥有一份工作。比如，他们中的不少人会作为民宿主人给外来旅游者提供早餐与住宿。

18

接下来要去奎雷因地区，但我们依旧没有找到正确的路线。导航显示奎雷因有好几个，胡杨通过排除法，确定了其中一个，开过去，结果还是不对。

不过，这里的景色也不错，雨雾中的小乡村仙气十足。

现在是下午6点，我觉得眼前的景色更像早晨6点，万物复苏，村庄刚刚醒来。

朋友圈好友纷纷留言：

> “不像中国农村，家家户户都挨着。这里真是干净，又那么的美丽，世外桃源不过如此吧”“虽然拥有的土地面积不小，但是房屋建的却不是很大很豪华，人家的素质也是到一定境界啦”“估计村庄里都是老年人”“村庄的宁静真迷人”“烟雨蒙蒙，迷离的美”“现实中的梦幻，人与自然”。

斯凯岛的小乡村

19

我们又开到一个地点，看上去也不是奎雷因。

大家再次面面相觑。

时间不早了，我们就把它当作目的地，随便走走看看。

这里一派田园风光，顿觉精彩。

山坡上不仅有羊，还有两只灰色的野兔在草地上奔跑。

周围寂静极了。儿子发现，他在远处用比较平常的音量说话，我们竟然都能听见。

我看见一处房子周围的风景不错，就走过去拍照。一位老妇人从房子里走出来，说这里是私人领地。但她见我热情地与她打招呼，像久别重逢的亲人般，便没有多说什么，扭头回去了。

斯凯岛的小乡村

这里的风景也赢得朋友圈的赞叹：

“这种体验真不错，苏格兰高地处处是风景”“这要耐得住何等的寂寞才能住在这样的一大片山水之间啊”“简直是世外桃源啊”“恍若梦中”。

我其实很想在这里搭个帐篷，钻进睡袋里。

儿子已经跟我走读10年了，他说：“只有在苏格兰，即便搞错了景点，还是这样的美”。

我说：“我们就是来探寻当地人生活的。比起景点，其实这里更美。旅游景点没这种感受。”

胡杨说：“我把这些天的照片发给妈妈，她说这里与自家没什么区别啊。”

我估计我妈妈也会这么说。

但我和胡杨却觉得中国的新农村虽在改变中，但要达到眼前的状况，至少需要 50 年，乃至几代人的时间吧。

这里看似天然，其实是经过了几代人打理的。

身后那个私家路的路牌已经很能说明问题了。这里的产权意识非常明确，处处是铁丝网。

我去年一直在瑞士乡村行走，瑞士人精明，但也没有如此。

朋友圈的好友也有话要说：

> “看着这种幽静的小道，不禁想起古罗马帝国恺撒军团的铁蹄是否曾经踏过”“苏格兰是开阔大气，瑞士是高山仰止”。

私家路

波特里

‹20›

又开始下大雨了，我们只能开车回波特里。

波特里在照片中很美，彩色的房子和星星点点船只的港口，当我们身在其中却感觉一般。

今天的餐厅位子仍然紧俏。有家店声明不接受预订，昨天有好多人在外面等位，今天竟然无人排队，我们等了一会儿，就进去了。

青口贝不错，烤扇贝与啤酒炖牛肉也可以，但没有想象中那般惊艳。

吃完晚餐，走到相对有商业气氛的巷口，正要驻足看橱窗内的苏格兰高地滑稽牛玩具，隐约望到不远处的小广场人头攒动。

我很严肃地说：“看来像是示威游行，如果是正义的话，我愿意与他们同行。”

胡杨更严肃地说：“我不管他们因为什么，我都支持。”

遇到这种人，还有什么可说的？

我们走到广场，原来是苏格兰人在表演风笛。

多年前我在爱丁堡看过风笛演奏，只有几个人；现在是仪仗队规模，前面的队长是个老头，叽里呱啦地说话，很逗。

风笛手的腮帮子鼓鼓的，很辛苦啊。

第七章 | Chapter 7

因弗内斯

INVERNESS

因弗内斯民宿

因弗内斯大教堂

卡洛登古战场

考德城堡

1

中午我们将要离开斯凯岛，这次安排的时间有限，其实它的离岛有些也非常精彩。我是在所有行程安排好后才发现的，已经来不及更改。

还有个遗憾是波特里的酒店式公寓很差，房间小，有些脏，只有一个很小的洗手间，但每晚也要 2000 多人民币。

波特里的民宿很火，我们看中过一家很有腔调的房子，但迟疑了，第二天就被订掉。我们后来订的这套公寓，开始就不满意，无奈没有更多的选择。

其实，斯凯岛上的酒店还是有的，只是我已经习惯在一个地方的中心点安营扎寨。不过这次是自驾，事实证明没必要的。

外面还是下着大雨。如果天气晴好，我仍然想去看看奎雷因、老人峰和内斯特岬。

2

出发去因弗内斯（Inverness），路途近 3 个小时，大部分时间都在下雨，沿途景致非常奇特。可惜途中我们几乎无法停车拍照，美景只能留在记忆深处了。

我们行驶在离开斯凯岛的大桥上，在桥的最高处往下看时，顿时被魔幻感包围。

艾琳多南堡，我们在几天前的黄昏时分来过这里，现在路过又是绿水青山的样子。我们试图再逛逛，停车场客满，只能往前开一段路，在一个停车带将车停下。

但刚下车，突然下起雨，水面立刻从青绿变成泛白，我们就此作罢回车

青山绿水，山上有云彩

白云缭绕，倒映在水上

继续赶路。

公路两旁是绵延不断的山山水水，白云在山腰间不断变化着飘逸的身姿。还在感慨左侧的美景，没想到右侧的更为精彩，竟然呈现出多种意境。

青山绿水，山上有云彩，一些白色的房子掩映其间。我最喜欢这种田园诗般的生活场景。

白云缭绕，倒映在水上，最为出彩。我拍照正好是雨停的时候，水面很平静，镜化效果很明显。

但后来又下雨，水面的平静被破坏了，显现的效果就差一些。

这时映入眼帘的是自然的荫翳之美，有禅意的仙境。

下雨天，能让大山突然柔美朦胧，变化莫测。但水面的呈现却不一定美，我们有幸在下雨前看到了其更好看的一面。

但有时没有阳光的折射，水面顿时失去精神。

几天前，我们从威廉堡去斯凯岛的路上，看到像是水库附近的湖面，在阳光明媚的晴天映衬下，水面蓝得醉人。我们急着赶路，没下车拍照。

这次给我最大的教训是，美好的风景不能迟疑，要驻足多看看，并在方便的情况下拍照记录，否则错过就会后悔。

3

离开斯凯岛后的路程中部分地貌变化多样，我们经常在车里惊叹，太美了。

后来景色开始单调，环境柔和了，我们像是开在一条绿色隧道中，开始舒服，可开车时间长了就略感乏味。

向南行驶，天气逐渐热了，周围的环境也多了人文景观。

我们顺利到达因弗内斯河边公寓的民宿，但无论如何也找不到钥匙。民宿主人邮件告知我们是在一个“B 箱”里，但依旧没有找到，最后让男主人来帮忙。哪知“B 箱”在公寓对面的小房子背后藏着。

我的一位中学女同学忍不住在我的朋友圈评论里分享自己旅英的经历：

“我那次也找了很久，小角落是找到了，看到小盒子猜猜可能是，就是不知道数字按键在光溜溜盒子的哪里，又围着小房子兜兜转转，最后隔壁邻居正好开门外出，同我们一起猜，后来盒子面板无意中打开，才露出数字按键，输入密码打开，拿到了里面的门钥匙”“哈哈，屋主太熟悉地方了，按照她的思维觉得你们跟她一样都懂，却不知道游人到陌生环境需要清晰的指引。我们平时与人沟通也经常出现这种情况”“好像是寻宝游戏”。

4

民宿男主人是很诚恳的老先生，他见到我们就说，我们的公寓出现了技术问题，希望我们能换到另一间公寓。然后他很认真地问：“你们知道两者之间有什么不同吗？”

我们一愣，以为有空间大小的差别。

他呵呵一乐：只是数字不同。

但他对临时换房一事，并没有用幽默打发，而是真诚地希望我们谅解，并说可以多送一晚的住宿。

我们后面的行程已经安排好，但还是对他说了谢谢。

估计平日管理这里的是他太太，他竟然不知道如何使用公寓里的洗衣机与烘干机，打电话跟太太确认操作，搞定。

老先生介绍了因弗内斯的市容市貌与如何游玩尼斯湖的一些建议。

桌子上的两小瓶葡萄酒和两盒巧克力，是给我们的礼物。

礼物旁还有一封信，是女主人写的。

类似的情景，我们以前也碰到过。只是因为斯凯岛的民宿过于糟糕，看到这些就很感慨了。

因弗内斯的公寓没什么特别之处，但位置好，舒适干净，空间面积大，满足了我们基本需求。

5

出了公寓大门，见河上的一座白色铁桥，别致漂亮，我很喜欢。

我去过世界各地的城镇，一般有河流贯穿城中，城市大多生趣盎然，因

弗内斯也是如此。

胡杨说自己太喜欢这个小城镇，让他想起了自己的家乡湖北孝感——20世纪80年代的孝感。唯一不同的是，孝感没有大教堂。当然，他说现在的孝感没有特色，和全国其他城市没什么区别。

老友应健中留言：

> “因弗内斯是英国最北面的大城市，再往北就没有城市了，离北极不远了。前年去过那儿，感觉很好，那儿的印度餐馆不错，是印度人开的……”

因弗内斯大教堂并不古老，1886年开始建造，属于苏格兰长老会。但我进去后就感到它是圣灵感动的地方。

我曾说过，现在欧美的许多教堂，多是优秀建筑、历史名胜、旅游景点、文化博物馆，但唯独不是教堂。作为教堂，它们已经失去本我。

因弗内斯城堡，现在是当地法院的所在地。

我们在因弗内斯城堡对过的餐厅晚餐。首次尝试点了一杯威士忌。过去我喝酒无非是肉类配红葡萄酒，海鲜配白葡萄酒。

胡杨天天对我进行威士忌启蒙教育，我也得试一下。

我们分别点了比目鱼、牛排和羊排。胡杨的评价是羊排不及进斯凯岛那天的西班牙餐厅好。我同意。

因弗内斯大教堂

这几天吃了一些青口，唤起了我 10 年前的记忆。

在爱丁堡的玫瑰大街，寻找午饭的餐厅，结果我们找到了一家青口专卖餐厅，提供不同做法的青口。

吃完后，觉得好吃，晚餐我们继续在那里吃。

从此我爱上了青口。

那次回到上海后，我就想办法找青口吃，但不是那个味道了。

我比较满意的青口是比利时和新西兰的，区别在于新西兰的肉质较肥硕。

这次我发现苏格兰的羊肉也很美味，那么吃羊肉还是青口呢？

最后的选择是前菜青口，主菜羊肉。

胡杨过去很少吃青口，这次也觉得不错。

因弗内斯小城

他对青口汤汁也感兴趣，我以前倒没在意。我用面包蘸汤汁，果然美味。

晚餐后，我们去斜对面的超市购物。

超市服务员是位老太太，她一边将我们的东西打包，一边发感慨。

见到胡杨买的汽车杂志，她略带理解地说："现在年轻人都喜欢。"

但看见胡杨买的《农场主》杂志后，她的表情有些变化。

她好奇地问胡杨："你真的想做农场主？我过去在苏格兰农业部工作过。"

"你准备种啥？"

胡杨回答："燕麦。"

6

因弗内斯虽说是个城市，但街道边的店铺并不吸引人，与爱丁堡一样，有几家旅游用品商店，卖各种苏格兰短裙、围巾和帽子，还有家威士忌店。唯一有点特色的是尼斯湖水怪玩具。

苏格兰短裙、围巾和帽子都有苏格兰标志性的花格图案 Tartan。但《奇怪的苏格兰》一书认为"Tartan"一词源自法语"tiretani"，据说这种图案的短裙实际上是来自于斯堪的纳维亚或者爱尔兰。至于吹奏风笛的历史，居住在安纳托利亚高原的赫梯人要比苏格兰人早好几个世纪。

其实，很多苏格兰人的发明都让人叹为观止。《奇怪的苏格兰》认为之所以会有这样的成果，"人们将其归结于苏格兰卓越的教育体系，强烈的职业操守，外加恶劣的天气——人们只能在室内捣鼓各种小玩意儿，而无法在外面无所事事地闲逛"。

《奇怪的苏格兰》中列举了不少苏格兰发明家的故事。

世界上第一枚邮票是苏格兰人詹姆斯·查默斯在1838年发明的，邮戳也是他想的点子，这种新颖独特的改进能够防止邮票的重复使用。

桑福德·弗莱明爵士出生于1827年，他是第一个提出全球标准时区概念的人。有一次，弗莱明计划乘火车前往爱尔兰，但由于车站工作人员把时刻表上的上午与下午搞混了，导致他错过了火车。不满之余的弗莱明因此发明了24小时制的时钟。

约翰·罗杰·贝尔德曾经是一位失败的发明家，比如在试验中遭到2000伏高压的电击，被新型的防锈刀片割伤颈部（玻璃材质，因为破碎导致颈部被割伤），试穿奇怪的充气鞋而差点把自己弄成瘸子。后来，约翰由于发明了电视机而一夜成名。他的这一新发明号称能够实现“无线观看节目”，并以“Televisor”这一名称进入市场，只需花费2英镑就可以获得观看许可。《格拉斯哥先驱报》对此评价道：“虽然部分电视节目的质量并不高，但一些奇怪的节目还是能给人们带来些许安慰，比如一部关于绵羊肝吸虫的纪实节目等，这让购买电视机的消费者至少不会后悔。”

亚历山大·格雷厄姆·贝尔是爱丁堡一位演说家的儿子，人们一般将电话的发明归功于贝尔。但事实上，贝尔与另一名科学家在1876年的同一天申请了专利。接下来，贝尔又花了三周的时间制作出了电话机原型。那些批评贝尔抄袭的人认为，相较于贝尔自己提交专利时的设计，他制作出的电话机与其竞争对手的设计更为接近。

亚历山大·贝恩发明了世界上的第一台传真机。令人难以置信的是，当时还是1846年，近一个半世纪后，传真技术才真正占据了办公室通信技术的主导地位。除此之外，这位苏格兰小农场主的后代还发明了世界上第一台电子钟。

7

当代柏油碎石路最早出现于1820年前后，它的发明者约翰·劳登·麦克亚当是苏格兰的一名工程师与煤矿主。但这项惠及全球的发明却只给他带来了区区2000英镑的奖励，麦克亚当生前还婉拒了爵士头衔。

詹姆斯·瓦特发明了世界上第一台实用型蒸汽机，但这台机器最初是用来抽水的，而非用于驱动车轮。瓦特的蒸汽机比早期的设计更为高效、强大，但同时也更昂贵。为了证明其高昂的价格物有所值，瓦特将蒸汽机的输出功率与马匹进行了对比，从而为马力（horsepower）这一现代概念奠定了基础。

1888年，充气轮胎的发明取代了木制车轮上的铁车轱，给人们带来了难以置信的舒适感。这项伟大的发明使苏格兰埃尔郡的兽医约翰·博伊德·邓洛普成为家喻户晓的人物。几个月后（在爱尔兰），邓洛普发明的轮胎让自行车手在比赛中首次赢得了胜利。后来邓洛普充气轮胎有限公司则成为欧洲最大的制造业企业之一。

通用汽车集团旗下的别克汽车公司是苏格兰人大卫·邓巴·别克在1903年创立的。除了是世界上第一个顶置气门或者说是推杆发动机的发明者外，大卫还有另一项伟大的发明，即用白色珐琅装饰浴缸。直到今天，别克集团依然沿用大卫的名字；但在历史上，大卫后来遭到了公司解雇，一贫如洗，令人唏嘘不已。

8

苏格兰人帕特里克·弗格森发明了后膛装弹步枪，与早期的机械设计相比，它能保持更高的射速。“凡动刀的必死于刀下”，不幸的是弗格森本人于 1780 年在国王山战役中惨遭射杀，死于自己的发明。

1918 年愚人节那天，苏格兰造船厂主的儿子戴维·亨德森中将建立了英国皇家空军，成为一个独立的军种。

撞击式火帽出自苏格兰牧师亚历山大·约翰·福塞斯之手，他本人是业余的野禽狩猎爱好者（因为对手上的燧发式猎枪的狩猎效果不满，所以才想研究替代品）。拿破仑曾出价 2 万英镑，希望亚历山大能带着自己的新发明叛逃法国，但亚历山大拒绝了。

《福布斯》的创始人贝蒂·查尔斯·福布斯曾经在他前往南非与纽约寻找机会前，是苏格兰当地的一名新闻记者。

1835 年，另一位苏格兰人——詹姆斯·戈登·贝内特创立了《纽约先驱报》，世界上的第一次报纸采访正是出自贝内特之手（关于一桩妓女被杀案的新闻头条）。

1861 年，爱丁堡人詹姆斯·克拉克·麦克斯韦拍摄并冲洗了世界上第一张永久性彩色照片，所拍摄的是一条苏格兰花格呢缎带。麦克斯韦还发现了电、磁和光之间的关系。为了纪念麦克斯韦的杰出贡献，金星上有以他名字命名的山峦。

亚历山大·弗莱明是苏格兰一位农民的儿子，第一次世界大战期间曾在西线服役。弗莱明之所以出名，是因为他偶然发现了世界上第一种医用抗生素——青霉素。为此，他被乔治六世封为爵士。在马德里，斗牛士们为弗莱明竖立了一座雕像以示感谢，因为若不是青霉素的发明，许多斗牛士都会因为伤口感染而死亡。

皮下注射器的发明者是苏格兰人亚历山大·伍德。关于他的妻子，人们普遍认为她是第一个因为意外注射过量而死亡的人。但事实上，伍德的妻子是自然死亡的，且寿命远长于伍德。

詹姆斯·杨·辛普森发现的三氯甲烷在临床意义上是第一种真正的全身麻醉剂。毫无疑问，这一创举深受那些饱受疾病折磨的病患的欢迎，以至于在辛普森1870年去世的那天，苏格兰全国停工停课，超过10万人走上街头，目送他的送葬队伍通过爱丁堡。

20世纪50年代，格拉斯哥大学助产学教授伊恩·唐纳德将超声波扫描仪的使用引入医学诊疗。这个想法是伊恩从造船工人借助类似技术检查金属裂痕所获得的灵感。

亨利·福尔兹是苏格兰的一位传教士，在日本进行的一次考古发掘中，他在出土的陶器碎片上发现了死去多年的工匠所留下的痕迹。回国后，福尔兹将自己和朋友的指尖进行了一番对比研究，很快意识到上面的纹路都是独一无二的。受此启发，福尔兹于1880年发明了法医指纹鉴定技术。

1896年，苏格兰人安德鲁·汤姆森发明了世界上第一款吊裤带。

爱丁堡的钟表匠与机械修理工亚历山大·卡明斯是真正获得抽水马桶设计专利的第一人。1775年，他还发明了今天抽水马桶广泛采用的S型存水弯或U型存水弯，弯管中的静水可以防止下水道或粪池中的异味回流。

1817年，苏格兰人大卫·布雷斯特爵士出于对光学的浓厚兴趣，制作出了世界上第一台万花筒。但他没有及时申请专利。因此尽管头三个月里卖了几十万台，却没有赚到多少钱。

苏格兰化学家与物理学家詹姆斯·杜瓦在1892年发明了真空保温瓶，也因为没有及时申请专利，不仅没能从自己的聪明才智中获益，还错过了他唯一可以流芳百世的机会，因为后人从未把保温瓶称之为“杜瓦瓶”过。

关于苏格兰发明家的故事还有许多，就不一一列举了。

想起丘吉尔的感叹：“在世界上所有小民族之中，苏格兰对人类的贡献，或许只有希腊人能够超越。”

9

来苏格兰的第八天，早晨我独自在因弗内斯城内散步。它被称为苏格兰高地的首都，可见其位置的重要。

因弗内斯河畔多是酒店餐厅，还有教堂，后者由于分属教派的不同而多起来，宗教气氛很浓郁。

到处都见海鸥。深夜两点，还能听到它们的“吵闹”。

《奇怪的苏格兰》也提到过有关苏格兰珍稀鸟类的故事。

2013 年 6 月，来自英国各地的观鸟者前往苏格兰西部群岛观看一只罕见的白喉针尾雨燕。因为某种原因，这只在中国繁殖、在澳大利亚过冬的鸟竟然出现在了哈里斯岛。据说，白喉针尾雨燕是世界上水平飞行速度最快的鸟。不幸的是，这只鸟撞上了所谓的环保风力涡轮机的叶片，在抵达这里时就奄奄一息。

小嘴鸻曾经遍布英国各地，但因为渔夫喜欢用它的羽毛制作鳟鱼钓饵而遭大量捕杀，现在已经锐减到只有 50 对繁殖个体了。夏天，人们只能在凯恩戈姆山顶上看到此鸻科鸟类。雄性鸻通常扮演雌性的角色，孵化鸟蛋并喂养幼崽。

每一对进行繁殖的金雕（令人印象深刻的是它们实行单配制）需要 60 ~ 70 平方英里（约 155 ~ 181 平方公里）的广阔土地，主要是在空旷的乡村，这也是人们很少能看到其身影的一个原因。此外，它们能以每小时 150 英里（约 241 公里）的速度俯冲飞行，这远远超过人们拿出双筒望远镜进行观察或用手

因弗内斯小城

卡洛登古战场

机进行拍摄的速度。

显而易见，灰鹤在铁器时代数量众多，并且在过去的几个世纪里用它制作的菜肴一直深受国王喜爱。到了中世纪，灰鹤或多或少因作为食物而濒临灭绝。不过，最近这些鸟又回到了海岸附近。据最新统计，英国现有 17 对灰鹤可进行繁殖，其中包括苏格兰东北部一对已孵化出两只幼崽的灰鹤。但英国皇家鸟类保护协会拒绝透露更多信息，给出的理由是这些鸟类“不喜欢和人类打交道”。

松鸡体型庞大、肉质鲜美、呆气十足。对任何生活在地面上的动物来说，这样的特征组合都有点糟糕（了解一下渡渡鸟就会明白）。1785 年，松鸡在英国灭绝了。自 1837 年以来，一种属于松鸡科但体型更肥胖的鸟类多次被引进。不出所料，它后来也变成了红色名单上的濒危物种。

雪鸮是苏格兰设得兰岛和凯恩戈姆岛的稀有物种，自 20 世纪 70 年代以来，它再也没有在苏格兰繁殖过。这可能是因为这里最寒冷的冬天对它来说还是有点太暖和了。雪鸮全身厚厚的羽毛和绒羽浓密的双脚更适合在北极圈以北数公里的地方生活。一只成年雪鸮会很快吞下整只体形较小的猫头鹰，而且它一年可捕食 1800 只旅鼠。

然而，比上述所有鸟类更令人印象深刻的无疑是一只叫作“贵妇人”（Lady）的鸟，这是英国鸟龄最大的鱼鹰。2014 年，这只鱼鹰连续第 24 年回到佩思郡邓凯尔德镇附近的洛斯湖保护区。据推测，29 岁的它是世界上已知年龄最大且参与繁殖的猛禽。它在飞回非洲过冬之前产下了自身的第 69 颗鸟蛋，留下伴侣喂养幼崽。

10

上午 11 点，我们先到因弗内斯旁边的卡洛登（Culloden）古战场。“1746 年，1200 多名高地人经过一夜的疲劳夜行军，在这里被英格兰人阻击，并在战败后受到侮辱。从此，苏格兰人便跟着英格兰大哥在外做生意赚大钱，不愿意与英格兰人交恶了。”

我发在朋友圈的这段话有些轻描淡写，其实苏格兰高地人输得非常惨烈。

我在前面章节提过，只有匹夫之勇的查尔斯王子与苏格兰高地的战士从英格兰撤了回来。

然后遭到了英格兰人与站在英格兰立场的苏格兰人的反击。

1746 年 4 月 16 日，英格兰军队追至卡洛登。疲惫不堪的苏格兰高地战士面对人数众多、有着更高战术素养的敌人，本该避免决战。但查尔斯王子的意气用事与高地人的傲气，却让他们走上了毁灭之路。

第二日两军对垒，英格兰联军首先就在人数、纪律和作战技术上占了上风。他们的炮火在半小时内就重创了高地人三分之一的有生力量。

高地人抵抗不了炮火，贸然向英格兰人的枪林弹雨冲杀过去。但正如赫尔曼说的，“这是欧洲战场上现代军队与古代战士之间的最后一次正面交锋”。高地人最后遭到英格兰人的屠杀。

这场战役不仅让普通的高地战士毁灭，也让高地氏族首领们伤亡惨重。

英格兰联军没有就此收手，而是沿着因弗内斯大路烧杀抢掠，穿越格伦科峡谷，进军参与造反的高地人家乡，进行斩草除根式的追杀。

现在的古战场荒草丛生，什么都没留下。

11

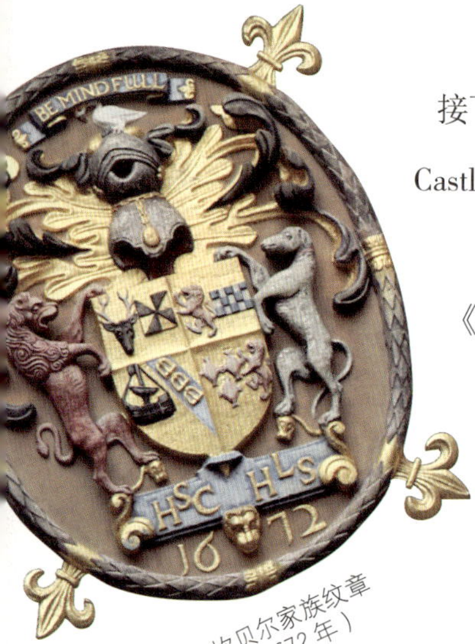

坎贝尔家族纹章（1672年）

接下来我们去离因弗内斯半小时车程的考德城堡（Cawdor Castle）。

这个城堡传说是莎士比亚名作《麦克白》的发生地。《麦克白》给我的印象太深刻了，大学时读它，里面有一个情节是麦克白杀了人以后不断洗手，想洗尽自己的罪恶。很大篇幅的复杂心理的深度描写，远远超越他所在时代的其他文人。

“难道你以为把自己沉浸在里面的那种希望，只是醉后的妄想吗？它现在从一场睡梦中醒来，因为追悔自己的孟浪，而吓得脸色这样苍白吗？从这一刻起，我要把你的爱情看作同样靠不住的东西。你不敢让你在行为和勇气上跟你的欲望一致吗？你宁愿像一头畏首畏尾的猫儿，顾全你所认为生命的装饰品的名誉，不惜让你在自己眼中成为一个懦夫，让‘我不敢’永远跟随在‘我想要’的后面吗？”

当然，莎士比亚的《麦克白》的故事并不是全部的历史事实。

考德城堡

1034年，苏格兰国王邓肯登基。如西蒙·沙玛的《英国史》所言：

其统治地位一直摇摇欲坠，总有人准备篡位。邓肯四处征讨，谋求军事胜利，仿佛是为了给不安稳的王位找平衡。他先是挑起对达勒姆的诺森伯兰英格兰人的战争，接着又对北方的奥克尼伯爵进行战斗。但他终究失败了，在试图用武力把自己的意图强加给北方拥有私人武装的莫瑞地区大贵族时，邓肯战死沙场。

历史上，公元1040年，麦克白依靠战功而不是通过谋杀夺得了王位。麦克白也比莎士比亚戏剧里那个惊慌失措、不堪内疚的篡位者在位时间长得多——实际上是17年——在奥克尼伯爵索芬联盟的帮助下，牢牢掌握着实权。最后，1057年，邓肯的儿子马尔科姆三世坎莫尔打败了麦克白，并杀死了他。

考德城堡建于14世纪末，而戏剧外的麦克白生活在11世纪。

12

考德城堡所弥漫着的中古世纪的气氛、那座古老的开闭式吊桥（苏格兰私人宅邸中，只有在这里才可见）以及吊桥下那朦胧幽暗的考德小溪，这座城堡能够与莎翁的《麦克白》有所关联，也不是没有道理的。意外的是这座城堡并没那么冰冷沉重，周围可爱的花园以及宁静的草坪，让考德城堡这座建筑，看起来亲切很多；如果用建筑术语来定义，那么考德城堡应该是苏格兰复合风的最佳示范：有14世纪以来保存良好的建筑、15世纪的防御工事，还有17世纪的本土风。

考德城堡

休·马西伯德的《风笛声中的庄园：遇见苏格兰》继续介绍这座城堡的缘起：

居住在离现址一英里（约1.6公里）之外小城堡中的第三任考德领主决定，要去地势比较高的地方建造一座更为坚固的城堡。他没有选择建筑师来挑选新址，而是让一头驴子来指引。驴子背上载满黄金，在附近不断地踩走着，驴子傍晚躺下歇脚的地方，将是城堡的新址。领主希望他的后代子孙在此将会飞黄腾达。

最后驴子躺下休息的地方是在一棵果树下。

直到现在，在城堡主楼地下室前，面对的就是这棵老树干。几百年来，大家都认为这是山楂树（地下室那间警卫室还被称为“山楂房”），其实它就是一般冬青类的植物罢了。

1454年，苏格兰国王詹姆斯六世许诺好友同时已是斯佩河以外的皇家总管的第六任考德领主，开始筑城攻防。

16世纪初期，当时苏格兰最具影响力的人物，非第二代阿盖尔伯爵莫属。1510年，贪婪的伯爵强行让同族的第八代考德领主的遗腹子、12岁的穆蕊尔，嫁给自己的小儿子约翰·坎贝尔爵士。

于是，坎贝尔家族顺理成章地占有了考德城堡。

第十一任领主因家族成员的反目，被赶跑；第十二任领主，自不量力，买下伊斯雷岛，最后把自己搞垮；第十三任领主，可能是因为他的妻子喜欢在食物里面下毒吧，变成了一个疯子。有一次，考德城堡举办了非常愉快的晚宴，第二天早晨，却发现有三个客人死在了床上。

从1684年到1702年，第十五任领主和妻子才把考德城堡这一古老的禁区要塞变成了舒适的豪宅。

13

我年少时就喜欢欧洲城堡的故事与知识，长大了有机会去旅行，便经常游览城堡。城堡看多了，发现除法国王室的几个城堡比较精彩外，其他大多数城堡的问题基本是内饰不足，甚至空空如也，城堡完全就只是一个空壳。

后来，我对欧洲城堡兴趣大减。

来到苏格兰，虽然这里城堡众多，但我已经不将它们列为必看之地。

之所以来考德城堡，也仅仅因为游览尼斯湖的时间富余很多，不就近看看有点浪费。

万万没想到，我进入城堡底层的第一间客厅，就发现内饰华丽浓重，搭配也很舒服。

一般来说，一个房间有一个装饰主题，就已经不错了。这间客厅的厉害之处在于，它至少有三个装饰风格不同的区域，而且相得益彰。

考德城堡内部

考德城堡内部

家居装饰的色彩与物件的搭配风格，让人惊喜。

这间大客厅的东西很多，几乎塞满了空间，却不觉得繁杂凌乱。其中有些装饰高贵优雅，应该是几代人的细心打理慢慢积累的。

城堡的装饰也引来了朋友圈的慨叹：

“这个城堡内饰的确很有味道，尤其是鲜花点缀，增添不少生气。法国皇家城堡虽豪华，但参观者众多，无法安静欣赏这些带着几代人审美积淀的老家具和陈设”“满而不赘，繁而不累”“陈设看上去很有人气啊，不像供人参观的，倒像随时迎接主人回来”“很想了解城堡主人的故事”。

第二间卧室的墙壁有挂毯装饰，似乎是布鲁塞尔挂毯。第三个房间里的一把椅子很好看。

朋友圈好友留言：

“这间居室以白、红、黄为主色，搭配如此出色。每一扇窗设计独特，窗外都是出色的景色”“这间居室黄色的墙，不同色度的红，再加上家具的木质，显得典雅高贵”。

楼道墙面的扇形长枪装饰，让我想起 2018 年冬天，我在巴黎某拍卖行看到过类似的长枪装饰拍卖。我想把它们买下，装饰自己的房子。考虑以艺术品装饰的名目进口到中国，后来一思考，万一被认为走私武器呢？最终作罢。

走进第四间，卧室的床，色彩搭配很漂亮。

而最后的书房让我惊艳，它有着出彩的细节。2009 年，我请一位法国设计师负责装修别墅，10 年来，虽然花了不少钱，可真的学习了不少装饰方面的知识。尤其是生活在欧式经典空间内，感受每个细节，审美也进步了不少。

这里的装饰也引来了朋友圈的赞美：

> “满满的摆设装饰，才是生活本来的样子：丰富而多彩。那种简单到极致的生活太乏味了”“我非常喜欢这种欧式摆设装饰，厚重又贴近生活，舒适又高雅，不喜欢近年来流行的性冷淡风格，寡淡无趣”“窗户的红色大气高雅，真是难得一见的搭配”。

14

我们在考德城堡的一张桌子上看到一本中国出版的《寻找阿噶佩：爱是幸福的秘钥》。回到上海，我随即买了这本书。它写的是几位中国女士专程前往考德城堡考察的感想，其中还有现在的城堡女主人安杰莉卡的故事。

安杰莉卡出生在布拉格，后来在巴黎开了一家广告公关公司。有一天她从巴黎飞到伦敦，在排队等出租车的时候，有人从后面轻拍她的肩膀，问：“你是不是到过我的城堡？”几年前有朋友邀请她去过考德城堡。

于是，她与考德城堡第二十四任领主休就这样相识相爱了。

考德城堡内部

休应该是位不俗的男人，因为他的考德城堡的导览幽默风趣，很有文化品位。

他们结婚 17 年后，休于 1993 年因癌症去世，享年 60 岁。

按照贵族社会规矩，这个城堡应该交给长子继承，但休的遗嘱指定安杰莉卡继承城堡，直到她去世后，才会交给长子。

后来休的长子因为城堡继承权诉诸法律，闹得沸沸扬扬。长子的心情也能理解，至少到 2017 年，安杰莉卡还活着。不过，休也没看错人，安杰莉卡将考德城堡打理得很不错。

《寻找阿噶佩：爱是幸福的秘钥》书中写道：

美丽的安杰莉卡最后对几位中国女士说道：

“我看得出你们都是独立能干的女人，做你们的男人肯定也不容易。有的时候不管我们多强大，在伴侣面前都要像‘艺伎’一样。”

安杰莉卡的原话，意思是：要放下自己，去照顾，甚至伺候自己的丈夫，要展现最甜美的笑容给他看。

“更重要的是，要将自己的心敞开，完全交付给另外一半，毫无保留。我知道这很难，尤其当时是我事业的最高峰，我也一个人生活惯了，”安杰莉卡说，“但是如果我当初没有这么做，我想我和休的婚姻应该顶多就维持半年。当然，这对伴侣的要求也很高。”

安杰莉卡看出大家的心思：觉得这样全心全意地付出太困难，而且如果得不到回报，岂不是很受伤？于是她进一步解释：“前提是你需要找一个同频的伴侣，在心灵上能够同频共振，否则你们的下场会很凄惨。”

15

从城堡室内走出，又下雨了。趁着雨没下大，我便急着去看城堡花园。过去我也看过一些英式花园。或许是自己的欣赏角度改变了，总之这次再看城堡花园特别有感触。

这时雷声隆隆，同伴们都返回到外面车中，我一个人冲进另一个城堡花园。我知道，我极有可能成为落汤鸡，浑身湿透。

但我觉得值得一试，我不想放弃如此美景。

考德城堡花园

考德城堡花园

我来回奔跑，与雷雨争夺时间。此前我已领略到这里天气的厉害，晴空万里可以马上变脸，大雨倾盆。

但我不放弃。

结果，我最后还看到了考德城堡的树林。

据《寻找阿噶佩：爱是幸福的秘钥》介绍：

这片树林是古加勒多尼亚（古时苏格兰别名）森林的遗迹。它在今天看起来和上个冰河世纪末时的情形差别不大。林子里主要有三种树——橡树、桦树和苏格兰松树，以及古山毛榉、花楸、白杨、白榆、冬青、杜松和落叶松。

这里还有超过130种苔藓地衣。

第八章 | Chapter 8

尼斯湖

LOCH NESS

厄克特城堡

奥古斯都堡

尼斯湖

1

尼斯湖

尼斯湖长约 37 公里，最宽处 2.4 公里，狭窄状，一端是因弗内斯，另一端是奥古斯都堡（Fort Augustus）。

尼斯湖因为水怪而出名，我记得小时候对此很感兴趣。我这里摘译一段在尼斯湖边购买的小册子上的内容，回溯儿时好玩刺激的感觉：

人类掌控了土地，而水下世界却迟迟没有揭开她那神秘的面纱。作为“通往另一个世界的门槛”，在世界各地的神话和传说中，湖泊常常是怪兽的居所。而世界上若真的有怪物存在，湖泊的确可能是它们的歇息地。但是，对于当今社会受过高等教育的人来说，这些传说不过是饭后的谈资，和事实的交织更是少得可怜。

可是，与人们所认为的恰恰相反，尼斯湖水怪这起“怪兽出没事件”，有着超过 1000 多份的人证报告。这些目击证人从世界各地而来，既没有喝醉，也极少有人是出于恶作剧。尼斯湖水怪也不是苏格兰旅游局制造的产品：游览尼斯湖的游客的目击报告比当地居民还要多一些。这个怪兽并不是 21 世纪才有的概念，但几个世纪以来尼斯湖水怪给人的刻板印象，的确和原本的事实有着相当大的差距。

自从维京战船前方开始顶着血盆大口的海龙造型之后，北欧人和凯尔特人就将一种从北方出现的水上巨兽称作“Orm”（海蛇），有关这种生物的目击报告一直到 19 世纪仍旧存在，而其中有些报告是从苏格兰海岸线上传来的。

传说公元 565 年，圣哥伦比亚和一只海怪交锋，最终取胜。这个故事宣传的是当时基督教会战胜邪教思想的信念，但这种类型的故事还是被人不断改编并且流传下来。比如苏格兰人，他们传说中的水怪大多会将毫无防备的旅行者拉入水塘，然后吞噬他们……

而英格兰人一直对这种传说嗤之以鼻。但在 1857 年，曼尔斯贝里男爵在苏格兰的一处湖区看到了他称之为“河里的大马”的生物，并在他的报告中写明了当地人对这种生物的极度迷信。1895 年，波特兰公爵也对这种说法或多或少给予了一些支持。他称尼斯湖一带的渔夫告诉他，有水怪会出没。

1868 年 10 月 8 日，在英格兰苏格兰交界处附近的一个海滩上，一头两米多长的“鱼”搁浅在那里。许多人相信这是一直潜伏在湖中的“怪兽”。但最后官方辟谣：它只不过是一条被走私者剥了皮的海豚。可目击者仍旧不相信这一说法。

下面是整个水怪论的第一个完整的传说。

1916 年左右，巴卡玛庄园的总管詹姆斯·卡梅伦冲进了尼斯湖附近的德拉姆纳德罗希特（Drumnadrochit）酒店，“面色苍白如纸”。在卡梅伦钓鱼的时候，一只巨大的动物在他船旁浮了上来。然后 1933 年，这家酒店的女经理麦凯厄也说看见了一只“怪物”，因此在周边引起了一阵骚动。随着这块湖区的北边公路开始修建完善，公路上沿湖的树被砍掉，旅行者慢慢增多，对这只怪兽的目击越来越多。许多人描述，有一条巨型水蛇，慢慢从湖中游过，强大到能将波浪冲上河滩。说白了，这就是一种大鱼。至今还有人声称他们目击了相同的场景。

2

但是，很快又出现了一种新型的怪物，取代了之前的“怪鱼论”。

1933 年 7 月某个炎热的下午，乔治·斯派塞先生在尼斯湖南面开车，他的余光捕捉到“我有生以来看过的最接近龙或史前动物”的生物。他只瞥了几秒钟，但那个怪物似乎有着修长的脖子和巨大的身材。这是有关“长脖子”的第一个报告。

正是这种被很多目击者报告的长脖子，使得世界各地的人们认为这可能是一只史前恐龙。当时正值经济萧条，这些故事成为很好的饭后谈资。

1934 年夏天，保险公司老板爱德华爵士展开了认真严肃的调查，20 位失业的因弗内斯人以“水怪调查员”的身份受雇，周薪为 2 英镑。

结果他们看到了水怪 11 次，拍到了 5 张照片。

到了 9 月 15 日，这次冒险的负责人，詹姆斯·弗雷泽队长，在厄克特城堡旁边拍到了一段疑似水怪的视频。现在这段视频已经无法找到，但当时的专家称那是一种海狮。

不过，就算是在 20 世纪 30 年代，目击证人的可信度也受到了质疑。毕竟在水面，特别是平静的水面上，对一个不知名的物体是很难下判断的。但是当其他人都看到了“大动物”的时候，人们自然会从逻辑上将一切神秘物体看作怪物。

直到今天，虽然我们相信这些目击报告鲜有玩笑性质或者恶作剧，但仍然容易对此产生偏见。

从 1960 年的春天开始，科技的力量进入了尼斯湖，一些答案才慢慢从水面浮现……

由牛津和剑桥的两位自然学博士提议的“尼斯湖计划”拉开序幕。激起他们兴趣的是 1934 年拍摄的一张清晰的水怪头部照片。

他们的团队在尼斯湖的各个地方设置了当时相对高科技的摄像头，试图拍出和 1934 年相像的照片。但是几个月过去都没有拍到一张清晰的照片，最后无功而返。

一直到 1990 年，人们才发现 1934 年那张由一位外科医生所拍摄的水怪头部照片，竟然是一个巨大的骗局！这位医生亲自制作了一个看似恐龙头部的模型，他的一个儿子负责拍摄。不得不说，这种哗众取宠的粗糙骗术，竟然骗了人们六十多年。更加讽刺的是，当今科学家们发现，早前人们声称发现的那种恐龙，根本不能竖起脖子！

其他的目击报告中，掺有水分的也很多。一张在奥古斯都堡旁拍摄的类似于水怪痕迹的照片，后来发现是船激起的浪花。

当然，随着科技的进步，在一次次水底探测过程中，人们还发现了许多有意思的东西，从祖鲁攀西号沉船到威灵顿轰炸机，千奇百怪。

从 1972 年开始，人们试图在尼斯湖里潜水，但是湖水颜色过深，几乎搜集不到什么有效的信息。他们便在湖底放置了许多覆盖性摄像头，捕捉任何从其上面游过的生物身影，但收效有限。

现代人熟知，可以用声波去探测水底世界，这一方法仍旧有研究队伍在使用。

无论如何，不管是尼斯湖还是苏格兰的其他各种湖泊，科学家都否认湖里怪兽的存在。最合理的解释就是大多数的湖中都有巨型鳗鱼，或者所谓“怪物”完全是虚构的。

3

我们今天计划绕尼斯湖一周游览，先从因弗内斯到奥古斯都堡，环绕后再回到因弗内斯。

去的路上，我们顺便到湖边的厄克特城堡（Urquhart Castle）参观了一下。《城堡的故事：半部英国史》写道：

14—15世纪，苏格兰北部和西部地区的统治权掌握在岛区的领主克兰·麦克唐纳家族手里。1462年，岛区的领主约翰·麦克唐纳与流亡在外的道格拉斯伯爵、英格兰国王签订了一项秘密协定，图谋瓜分苏格兰全境。

最后，他们的阴谋落空。但是阴谋暴露后，苏格兰国王詹姆斯三世以叛国罪为由，没收了麦克唐纳在苏格兰大陆的土地，强迫他承认自己的附庸地位。约翰本人倒是愿意屈服，但是麦克唐纳家族的其他人，尤其是他儿子安格斯，对失地、受辱的待遇怀恨在心。在接下来的20年间，岛区因为其家族激烈内讧而四分五裂。同时，内讧也严重削弱了家族的势力。1490年，安格斯打败其父后，自己也被杀死。3 年后，贤明能干的詹姆斯四世介入麦克唐纳家族的内讧，强行树立了自己的权威。他宣布，岛区领主的时代就此终结，苏格兰王室将收回他们的全部土地和权力。

在苏格兰，厄克特城堡的选址让人有些胆战心惊。它坐落在尼斯湖湖畔的一块悬岩上。自古以来，这里就是要塞。但是，这里建造的第一座城堡是13 世纪时的一座封闭式设计的城堡。由于地处高地与低地的分水岭地带，厄克特一直是斯图亚特君主和岛区领主的必争之地。而且，15 世纪之前，双方

交替占领了厄克特城堡多次。1493 年，詹姆斯四世收回厄克特城堡之后便决定，这一次一定要牢牢地守住这座城堡。

可是 1509 年，詹姆斯四世却把厄克特城堡送给小贵族——弗罗希的约翰·格兰特，作为对他忠诚效力王室 20 多年的真情回馈。其实，从 15 世纪末开始，根据一系列临时的租赁协定，格兰特家族就一直占据着这座城堡。临时的协定变成了永久有效的契约，然而保管这样一座曾经为王室所有的城堡，虽然有着至高无上的荣誉，但附加条件也有很多。格兰特家族不仅有义务维护城堡的良好状态，而且必须将被摧毁的建筑修复，恢复它们昔日的辉煌。

厄克特城堡

厄克特城堡

厄克特城堡

格兰特获得城堡“永久”保管权4年后的1513年，他就被岛区领主麦克唐纳家族驱逐出去了。

3年后，格兰特光复城堡，但里面的家具、食物和牛羊群都被麦克唐纳家族洗劫一空，总共损失了2000英镑。

格兰特家族随即建造了16世纪最坚固的塔楼之一。在经历了18世纪的大风暴的摧残后，格兰特塔现在已是破败不堪，但是它保留的一些建筑特色，仍然展示了塔的真正军事防御意图。城堡顶部周围的堞口（没有设炮眼）基本上是纯装饰性的，而且可能是后来重建的。但是，两座入口上方的堞口，虽不很显眼，还是可以看到它们从墙壁上方凸了出来（留出了炮眼）。另一处同样微妙且在防御意图上丝毫不逊色的设计，是大多数窗台下隐藏的手枪射击孔。

4

在格兰特家族的管辖区域，违反法律的人可能会被投入厄克特城堡的监狱。监狱里阴暗、寒冷、不见天日（没有窗户），里面的设施（或设施的缺失）是这一时期城堡监狱的典型特征。显然，狭长的牢房曾经在房间的一端设置了便坑槽。无论是对囚犯还是狱卒来说，这都算是些许慰藉吧。

对于一些重建的塔楼式城堡而言，囚犯一般是关押在塔楼的地下室，它实际上更像是一座深坑，唯一的出口在头顶上方，它们缺乏像厄克特城堡配备的基本的卫生设施。在这种条件下，被收押者唯一的慰藉，就是其监禁期可能并不会持续太长：几天或者几周，但一般不会是几年。在中世纪，监禁很少作为一种惩罚形式。那时的监狱更像是现代警察局或羁留中心的拘留所，一般只是在审判前对犯人进行暂时的收押。

法院一般不会离城堡太远，有时候，监狱楼上就是法院。在厄克特城堡，法院距离城堡有些距离，需要穿过庭院，走到城堡的大殿。今天的大殿已经面目全非，只剩残垣断壁。还有地下室幸存了下来。在大殿的辉煌时期，它应该是一座多功能的大厅，处理公共事务、宴请、娱乐等。在必要时，大殿还可以用作约翰・格兰特的审判室。英格兰和威尔士的领主对他们城堡大殿的使用，基本上也是这个模式。但是，他们的重要区别在于手中掌握的权力。英格兰地方领主在庄园法庭的司法权力仅限于处理一些琐碎的事务，如酗酒、斗殴等，其他一切事务的司法权力由国王保留、负责，僭越的领主将受到严惩。在苏格兰，情况正好相反。即便在最低级别的男爵法庭上，领主也有权力对罪犯判处罚金、断肢体，甚至判死刑。换言之，英格兰的领主可以送你一副枷锁，而苏格兰的领主可以送你上绞架。

约翰・格兰特在自己的地盘上有权处置违法者的生死，这已经很不同寻常了。但是，这还不是他那个时代的司法领域中最令人震惊的一面。除了法庭、监狱以外，还有另一个司法途径可供选择。这一途径更加古老，也更为常见，即世仇。

处理世仇最有名的例子是凯瑟琳・帕特里克的案例。

凯瑟琳的父亲在世仇的冲突中，被人杀害，她自己也陷于不利的境地。最终，她得到了补偿，但是补偿的方式则是嫁给她杀父仇人的儿子。这简直是荒谬至极。然而，这种和解协定的处理方式，是为了弥合两个有亲戚关系的家族之间的嫌隙。凯瑟琳必须这样看待问题：与其说她失去了父亲，不如说她得到了一个丈夫。

厄克特城堡

5

在电影《尼斯巨龙》（1996 年）中，乔纳森·丹普希被派往苏格兰调查这一神秘的怪物，他住在劳拉·麦克费特里奇经营的一家旅馆里。影片开始的确是在尼斯湖进行了一系列拍摄，但剧中村庄的场景则是在西海岸拍摄的。另外，在电影《尼斯湖怪：深水传说》（2007 年）中，观众看到水怪在尼斯湖移动时，还可以看到厄克特城堡。

我们来到尼斯湖下游的奥古斯都堡，与上游的因弗内斯相比，它是名副其实的小镇了。

胡杨是第一次来英国，一直想吃炸鱼薯条，我对这一英国传统美食却丝毫不感兴趣。今天在小镇的入口处，胡杨终于吃上了炸鱼薯条，他认为没有想象中的难吃，如果再酥脆一点，会更好。

凡是说到吃的，我的朋友圈一定评论如潮：

奥古斯都堡

“好吃的炸鱼薯条在南非开普敦”“让我回忆起在悉尼每天被炸鱼薯条支配的恐惧”“招待元首级的食物，有些乡村的小店还好吃点”“伦敦塔旁边一家餐馆的炸鱼薯条好吃”“英国人的主要美食，他们饮食简单，但爱喝酒，我去年在英国 80 多天，一直吃”“可以留心比较一下，每个地方都有当地最好吃的炸鱼薯条，看着老外吃得津津有味，我却分辨不出区别”“我也觉得炸鱼薯条不算难吃，特别是蘸上当时我们自带的四川辣椒酱，还有点好吃呢”。

奥古斯都堡有个教堂建筑群，可见当年的宗教信仰之热烈，但现在人口稀少，有些建筑变成了酒店。有家酒店风景优美，可以看到尼斯湖景致，也有上佳的餐厅，住在这里其实也不错。不过除非熟门熟路，一般游客还是会选择住在因弗内斯。

奥古斯都堡的教堂建筑群

我喜欢教堂酒店的草坪，恍若梦境般美好，甬道两旁大树拱卫，仿佛是驾驶在公路上经常感受到的绿色隧道，现在我们步行其间更是惬意。

昨天房东推荐了一个尼斯湖的最佳观景点，我们寻寻觅觅，在黄昏时分

教堂酒店的草坪

到达，果然大好。不巧的是风雨交加，小餐厅客满。问餐厅前台能否让我们买些食物外带，我们在汽车里吃，得到的答案是不允许。我们只能失望离开。

后来我们想想，也许应该在那里等待雨过天晴。可我们当时饥寒交迫，实在不敢赌大雨会在短时间内停下。

结果，在回民宿的路上，雨就变小了，我们也只能叹口气。

回到因弗内斯，我们找了两个不错的餐厅，却都客满。

我们到河边似乎比较高档的酒店餐厅试试运气，结果也客满了。但可以点餐，在咖啡厅吃。

我第一次吃北海鳕鱼，英国厨师的清蒸水平自然与中国厨师没法比，可食材真好。

胡杨建议不要蘸酱，直接吃它的原汁原味。品尝了一下，虽然清淡些，但肉质鲜美。我们平时在上海吃的鳕鱼，也是买最上等的，比这松软点。

还有鸡胸肉配哈吉斯（haggis），我们感兴趣的是哈吉斯，也就是羊杂碎，是苏格兰的独特美食，与威士忌齐名。

哈吉斯源于希腊，在苏格兰发扬光大。

尝了一口，哈吉斯有些黏稠，可着实不错，我们得想办法再好好吃一顿。

6

吃完晚饭，我们回到因弗内斯公寓已经 10 点多了。

儿子发现车里放着一袋垃圾，却没找到垃圾桶。他有些高声地表达了着急情绪。

这时，楼上传来了“请闭嘴”的怒吼。我们没有回击这种带有侮辱性的言辞。

11 点多，楼下突然传来电铃声。

我们以为是谁没带钥匙，就开了楼下大门。

有人上来敲房门，我们觉得这么晚没必要开门，拒绝。

胡杨说楼下有一辆警车。

我直觉是那个刚才骂人的邻居报了警。

按规矩，在欧洲晚上 10 点钟后是不能大声喧哗的，可我们回来只是很短促的声响，不至于吧。其实，我也遇过几次在欧洲城市深夜说话很大声的情况，最近的一次是 2018 年夏天在瑞士苏黎世民宿，周围大声喧哗持续了很久，也没人报警。

我们回到民宿，就很安静了。

随着时间过去，楼下不耐烦的声音越来越明显。

又一辆警车来了。

这辆车发出很大的响声，在寂静的夜里。

我估计是来测噪音的。好笑的是，它发出的声音更吵，估计周围的人都难以入睡。

吵了一阵，后面那辆警车先走了。真官僚主义啊，这么寂静的环境，有什么噪音。我估计他们也是应付一下。

有趣的是，先到的那辆警车还是没走。

警察见我们这么晚还不睡，也许是觉得稀奇吧。大概是想等着我们喝多了酒，发酒疯，然后上来敲门，坐实我们是野蛮人或流氓？

其实，其余的人都睡了，只有我一个人凌晨一点还在写微信发朋友圈，记录白天的故事和感想。

7

我累了，看点《奇怪的苏格兰》吧。

在作者看来，苏格兰的一些法律就是笑话。

尽管15世纪时期禁止高尔夫球的法令已经废除，但许多与苏格兰有关的古代法律仍然有效，或者说人们普遍认为它们依然有效。毋庸置疑，许多法律直到今天都没有人触犯过，即使是在过去也罕有人触犯，以至于人们甚至会觉得，这种法律的存在只是为了给各类书籍的作者提供创作素材而已——就好比这本《奇怪的苏格兰》。

例如：

带着弓箭的苏格兰人在英格兰约克郡可能会被射杀，特威德河畔贝里克镇与卡莱尔郡城的情况据说也差不多。当地之所以会引入这样的法规，答案很明显：相比现在，人们当时更敌视越境侵入行为。

10岁以下的男孩禁止观看裸体模特。不清楚的是，究竟是男孩偷看违法，还是组织这类淫秽展出的零售商触犯法律。但不管怎么样，就这条法律而言，警察很难执行。

在苏格兰，法律规定如果有外人敲门想借用一下洗手间，房主不能拒绝。几百年来，擅闯他人土地在英格兰都是违法行为，但在苏格兰却不是如此。这可能和高地人热情好客的品质有关，但即便如此，这条法律也未免太过了。

被冲上岸的鲸鱼归君主所有。虽然长期以来，君主们都一直宣称这些鲸鱼是属于自己的财产，但这条法律还是有些事实依据的：鲸骨一直都用于制作女王的束腰紧身内衣（鲸骨古时候用于支撑衣物），且鲸脂油也非常贵重。

看管奶牛时醉酒是违法的。根据《1872年许可法案》的条款，如果在公路上看管用作驮畜的马、牛的人或驾驶蒸汽机车的司机被抓到醉酒，会被处以监禁，以及最高 200 英镑的罚款。

我上次来苏格兰时就被告知，苏格兰纸币不能带到英格兰，因为南方的店铺拒收苏格兰镑。有个这方面的故事：1963 年，从格拉斯哥到伦敦尤斯顿火车站的一辆火车遭到了抢劫，愚蠢的劫匪扔掉了数百张苏格兰纸币，因为在这些无知的底层伦敦佬看来，苏格兰镑是一种并不怎么靠谱的钱币。无知让他们付出了沉重的代价，警察在劫匪的藏身处找到了他们之前用这些纸币玩“大富翁”游戏时所留下的指纹。

8

我前面提到过，亚当·斯密通过担任海关官员的父亲拦截走私活动屡屡失败，明白了人的自利推动了商业进步。

苏格兰的走私活动可谓历史悠久。在亚当·斯密出生的 18 世纪初，由于英格兰与苏格兰出台联合法案之前跨境税率的不同，以及法案出台后愈发扩大的税率差异造成苏格兰最为多样的犯罪活动。历史上，威士忌是最主要的违禁品。进入十七八世纪后，走私弗吉尼亚烟草、法国白兰地、杜松子酒、茶、盐甚至爱尔兰燕麦片为成千上万的苏格兰人提供了就业机会，同时也让他们有机会对那些在本地拥有固定职务的人以及英格兰人嗤之以鼻。

传统意义上来说，峡谷地带是威士忌非法蒸馏制酒最为泛滥的地方。因为那里有充足的淡水可以用来浸泡大麦谷物，又可以为相关生产设备提供理想的藏匿点。税务人员很清楚，他们要寻找的是泥煤（用于蒸馏设施的加热）燃烧所产生的烟雾，但由于待搜索区域非常大，因此他们错过的非法蒸馏点要远多于查处的窝点。

1778年，整个爱丁堡地区合法的蒸馏设施仅有8家。尽管蒸馏本身并不违法，但估计约400家蒸馏设施的所有者都没有缴税。不过，1814年之后，官方通过了一项新的法律，通过对所有容量低于500加仑的蒸馏设施加以禁止，从而有效地阻止了私人蒸馏的泛滥。

当时苏格兰的私酒很大一部分的消费者都是本地人，但也有很多出口到英格兰。为了出口，人们想出来的最巧妙的一种方法是让女性把厚实牢固的金属容器捆在腹部，给人以怀孕的假象；另外，就是把假人头和大型容器连在一起，放在马鞍上，营造一种从远处看就好像是马上坐着一个人的假象。

教会牧师们，如来自伊莎峡谷的安德鲁·彭斯教士，经常站在当地居民的立场上，每当发现执法人员要来时，他都会提前给当地人通风报信。

一个叫罗伯特·彭斯的诗人，他一边在邓弗里斯附近务农，一边接受税务征收员的培训。从1788年开始到1796年去世，罗伯特负责截住走私者，情况好时一年能赚50英镑，但随着他的身体状况逐渐恶化，年收入减少到了35英镑。

另一位伟大的小说家沃尔特·斯科特爵士认为，“很少有人比索尔韦海岸（位于英格兰湖区以北的海湾地区）的人更热衷于‘自由贸易’”。他的小说《盖伊·曼纳林》中有一个名为德克·哈特瑞克的人物，此人的原型正是彭斯管辖地区一名专门从事非法蒸馏制酒的走私犯。

走私犯有时会遭到逮捕。1792年，数名被捕的走私犯被囚禁在金泰尔半岛上的坎贝尔镇。其中一名罪犯花了整整4天的时间在牢房地下挖出一个地道，但他最终失败，因为当他钻出来的时候发现自己所处的位置其实是当地法院。

很长一段时间以来，走私被认为是阿伯丁市的第二大产业（仅次于捕鲸）。征税员要负责70多英里（约110多公里）长的沿海地区，可以说是完全无暇顾及全部。在彼得黑德这片土地上，每月运到这里的欧洲产的烈酒大概有8000 加仑（约 30000 升）。1721 年被列为已查处的违禁品中不仅包括白兰地、石油和 3000 磅（约 1360 公斤）烟草，还包括葡萄干、无花果甚至干梅。

再往北，情况也没有好多少。18 世纪 90 年代的一段时期里，设得兰群岛上几乎都没有货币了，因为大量金钱都被送到了斯堪的纳维亚，以换取非法走私的杜松子酒。此后情况慢慢有所好转，但这仅仅是因为走私者在“从这个国家的穷人身上榨干了每一先令”后发现，他们再也没有生意可做，因为没人买得起他们所贩卖的东西。

9

大概是为了防止人们继续犯傻，苏格兰警方从最近所接到的 999 个报警电话中挑选出了几个最蠢的理由：

一名口渴的求助者打来电话，想知道哪里可以买到牛奶；

另一名求助者来电抱怨，他点了一个芝士汉堡，但那家知名快餐连锁店却只给了他一份普通汉堡；

有人深夜拨打紧急求助电话，询问非紧急电话的号码是多少；

有人来电举报一名女子服用违禁药物，但承认药物是自己购买的；

有人来电询问，苏格兰警察局能否派人去托特纳姆（位于伦敦北部）某地查看一下“我的朋友是否有外遇”。

第九章 | Chapter 9

洛蒙德湖
LOCH LOMOND

巴摩拉城堡

民宿

拉斯小镇

教区教堂

因弗雷里城堡

1

清晨，楼下的警车不见了。

看到书友留言：

> “我非常期待您这次的苏格兰高地和英格兰乡村的走读，才一周，却像过了好几个礼拜似的。这次的视频看了很多遍，照片更是收藏了不少，每一个地方都有属于它自己的‘故事’，跟着您的行程，最近脑中总是充斥着各种古里古怪的想法与念头，赶也赶不走。”
>
> “印象中的英国，只有伦敦塔桥、伦敦眼、大英博物馆，英国的乡村只存在于小说中和自己的想象里。看了你的朋友圈日志，简直让我欲罢不能。”

中午我们离开因弗内斯。

我们在苏格兰屡屡被人超车，胡杨作为老司机，觉得其中必有原因。

他认为问题出在车屁股的租车行标志“Hertz”，苏格兰人把我们当外地人，欺负生人。

胡杨到了斯凯岛的波特里，在书店买了三张贴纸：英格兰、苏格兰和威尔士的旗帜款，覆盖租车行标志。

几天下来，胡杨认为有效果，我则有些怀疑。我们最后达成共识，超车的都是北爱尔兰人。

看来我们要想办法再买一个北爱尔兰旗帜的贴纸。

2

开车 5 个多小时，算是我们这次车程比较长的一天。我们先是从因弗内斯开了将近两个小时，到了英国女王在苏格兰的避暑行宫巴摩拉城堡（Balmoral Castle）。

这座城堡的创始人是维多利亚女王和阿尔伯特亲王，后者在 1852 年 6 月买下了位于阿伯丁郡的这块地。当时这里有一座建于 14 世纪末的狩猎住宅，维多利亚女王嫌它太小，于是在 1853 年至 1856 年建了这座新城堡。

巴摩拉城堡被美国《国家地理》杂志评为全球 50 大最美城堡之一。它是用附近采石场的花岗岩建造而成，中间以庭院相连。苏格兰设计师威廉·史密斯将 19 世纪中叶盛行的苏格兰复兴风格和德国传统元素融合在一起，城堡四周有花园环绕。

巴摩拉城堡

巴摩拉城堡花园一角

巴摩拉城堡在每年4月至7月对外开放，占地面积大，从入口到城堡门前，需要行走10分钟。

建筑外观确实漂亮，但城堡内部只开放其中的一个舞厅，而且里面不允许拍照。

自1852年开始，维多利亚女王和阿尔伯特亲王会在每年9月的第二个星期四举行吉列舞会（Ghillies Ball）。城堡舞厅内，王室成员和城堡的工作人员共舞，借此对管家、侍从、厨师、园丁和各类仆人表示感谢。女士穿着晚礼服，男士则穿着苏格兰短裙。

《全球50大最美城堡》一书介绍：

基于贵族照料平民的义务，这项舞会传统非常受重视。英国王室只有在黑暗的第二次世界大战期间，因安全问题才没有举办舞会。另外，在2014年，伊丽莎白二世女王把舞会延后一天，为了让城堡工作人员参加公投，公投决定苏格兰是否要脱离英国独立。虽然女王年纪很大了，但在投票日的后一天，她还是尽情地跳舞，公投没有通过或许让她松了一口气。

巴摩拉城堡的确有皇家气派，但我对行宫的花园有些失望，尤其是与几天来看到的苏格兰其他花园相比，一片衰败。也许是等待女王陛下的到来才会临时打理，如果是这样，那么对其他付费参观的游客来说太不公平了。

据说，女王不在城堡时这里只有50个工作人员，女王在时则超过100人。虽然占地面积很大，但临近城堡的花园也太敷衍了事。

城堡的森林阔大，有一种松树的叶子有点像孔雀羽毛。

朋友圈友人解释：“日本花柏，又叫松萝。”

3

从巴摩拉城堡到洛蒙德湖附近的农庄民宿，我们又开了3个小时的车，大部分还是狭窄的山路，高低起伏，如过山车。

这次苏格兰游，是我多年出游睡觉最少的一次。我过去至少会在火车和客车上睡会，而这次坐在副驾驶上，睡不着。

而且对面的车速度太快，让人目不暇接，有些恍惚。

途中有次我们与对面的车差点相撞，胡杨的回答是双方车速都太快。

黄昏时分到达民宿，民宿旁边就是牛羊成群的牧场，我们以往要停车才能欣赏的场景，现在直接面对，莫名欣喜。

洛蒙德湖民宿

牧场的美也让朋友圈一片喧哗：

“坐拥整个农场，如此岁月静好”“我在国外旅游，把住民宿当成一个景点，尽量选取有特色的地方”“第一次见白色的牛”“有阳光，一切就有了生机”“沐浴在柔和的夕阳下，自带光环的牛，好悠闲”“令人窒息的乡村风光，令人动情的牛羊花草”“光如梦幻般地把牛的倔强完全融化，一切变得如此柔和”“好一幅农场牧歌油画”“好恬静的夕阳西下农场美景”“夕阳下的绿毯，怡然自得的牛羊，静谧的小路，闲适的人生，夫复何求”。

农场的民宿干净清爽，而且客厅面积不小，开心。

胡杨欢快了一阵子，就倒在户外的椅子上睡了。他提前做起了农场主的梦，旁边的桌上有三本英国杂志——《农场主》《拖拉机》和《房车》，都是他最近在不断研究的很专业、有目标受众的杂志，中国根本没有同类刊物。

胡杨醒来，第一句话就是：“风从牧场的草里吹来，混着青草和牛羊的气味。”

胡杨见到儿子拍我在农场兴高采烈的照片，认为可以上《农场主》的封面。我们彼此吹捧，说不定有一天真成了农场主。

朋友圈的评论又是一片欢乐：

“有可能，因为念念不忘必有回响”“Hi，农场主”“农场的幸福召唤”“这就是真正的牧场田园，岁月静好”“牛仔裤很应景”“这张好像农场主在巡视牧场，朋友突然到访，热情招呼朋友的场景”“不能穿裙子，穿个格子衬衫也算应个景”“牛仔裤搭配格子衬衫，一身地道农场主风格”。

晚上9点，我们去不远处的鸭子湾餐厅晚餐，餐厅背靠洛蒙德湖，让我们得以见到日落时分的湖光山色。

鸭子湾餐厅最大的特色就是透过落地窗让外面的湖景尽收眼底。晚餐的前菜丰富，造型看起来像冰淇淋的是鸭肝，还有苏格兰特色美食哈吉斯，我昨晚在因弗内斯酒店餐厅知道了它的滋味，今天就不惊讶了。

主菜是带汁的牛肉与鸡肉配米饭，很适合中国胃。而哈吉斯汉堡，将有着执着的餐饮专业精神的胡杨彻底打败。

夕阳下的洛蒙德湖

4

来苏格兰第十一天的早晨。

农场院子里有样东西吸引了我的注意。打开一看，是浴缸，里面的水还很热。冬天在大自然的怀抱中泡澡，肯定很爽。

清晨走在农场附近的乡间小路，神清气爽。

白天我们先去洛蒙德湖的第一名村——拉斯（Luss）。

拉斯及洛蒙德湖的早期历史与挪威和北欧海盗密不可分。

1263 年，挪威国王哈康率领维京人突袭了洛蒙德湖。他们将船行驶至阿罗赫尔（Arrochar）地峡，以避开当地军队的防守，随后把船开进完全无人防守的洛蒙德湖。

拉斯小镇

经过三天的大肆破坏，维京人沿着利文河一路向南航行，然后与罗斯西湾（Rothesay Bay）的维京舰队会师。正当舰队准备离开罗斯西湾时，遭遇了暴风雨袭击，船只被迫在拉格斯（Largs）岸边搁浅。在寡不敌众且毫无退路的情况下，维京舰队被苏格兰国王亚历山大三世率领的军队全部歼灭，史称"拉格斯之战"。这也是维京人历史上最后一次入侵不列颠群岛。

拉斯是科库霍恩家族（Clan Colquhoun）领地的中心，该家族是苏格兰最古老、认可度最高的家族之一。1320 年，早期的首领们根据罗伯特·布鲁斯国王（King Robert the Bruce）颁发的宪章攻占领地，对抗英格兰军队，取得了苏格兰抗英战争的胜利。

科库霍恩氏族的历史最早可以追溯到 12 世纪晚期。该家族历史上第一位有记载的领袖是乌姆弗里德斯·德·基尔帕特里克，伦诺克斯伯爵将洛蒙德湖附近一块名为库尔－康汉（Cuil Cumhann，正是科库霍恩的由来）的领地授予了前者。

1368 年，乌姆弗里德斯的后人罗伯特·科库霍恩爵士迎娶拉斯的一位美丽少女为妻，她是拉斯峡谷附近一片领地的女继承人。自那时起，这一氏族的名字就正式合并为拉斯的科库霍恩（Colquhoun of Luss）。将近 700 年，科库霍恩家族的领袖或族长仍然定居在拉斯附近，他们忠心耿耿地守护着世代相传的领地。

关于这个氏族的箴言也有段历史，可追溯到 1424 年。当时的苏格兰国王詹姆斯一世要求族长亚历山大·科库霍恩爵士重新夺回附近难以攻克的邓巴顿城堡，该城堡一直被伦诺克斯伯爵所占领。而伦诺克斯伯爵的势力日益壮大，对国王来说是个威胁。面对苏格兰国王的要求，亚历山大用当时的古法语回复——"Si Je Puis"（如果我能）。

James Colquhoun
Ludovic Colquhoun
REMEMBRANCE
AND
THE WAR
拉斯小镇

拉斯小镇

在黑暗的掩护下，亚历山大召集了一群士兵，埋伏在城堡门外的树林里。清晨来临时，亚历山大放出以前捉到的一只大雄鹿，后有一群猎狗追赶着。城堡里饥肠辘辘的守卫军看到了猎物，毫不怀疑地打开大门去捕捉雄鹿。这时，亚历山大带领战士们偷偷溜了进去，从而夺回了城堡。

拉斯的科库霍恩家族的故事被编纂进了苏格兰的历史，该家族的族长可谓身份各异，包括政治家、王室管家、外交官、战士、商人和大地主等。

其中有段历史被人们所熟知。麦格雷戈人突袭了格伦菲纳斯（Glen Finlas）后，在袭击中被残杀的男子的妻儿们自发游行到斯特林城堡，展示了亲人们的“血染衬衫”（Bluidy Sarks），要求苏格兰国王詹姆斯六世予以严惩。詹姆斯六世答应了他们的诉求。正是 1602 年 12 月 21 日的“血染衬衫”游行拉开了下面这场战争的序幕。

1603年2月，苏格兰历史上最后一场纯粹的氏族之战——弗勒因峡谷战役（Battle of Glen Fruin）。

据悉，一群劫掠成性的麦格雷戈人（MacGregors）被派去袭击和占据科库霍恩（Colquhoun）的领地，顺手偷走家畜，他们被抓获后，遭到科库霍恩家族的族长汉弗莱处死。

于是，麦格雷戈家族前来报复，战斗伊始，科库霍恩家族兵力明显占优势（可能有800多人）。但麦格雷戈家族采用正面牵制、侧面偷袭的方式，加之峡谷地区沼泽地形对科库霍恩家族骑兵不利的缘故，后来有将近200多名科库霍恩族人尸横荒野，其余残兵败将被追至其在罗斯杜据点的城堡大门前。

之后国王和枢密院通过了“不合时宜又令人憎恶的氏族理应被铲除，且不能在这个国家继续存在下去”的裁决，至此麦格雷戈家族的命运走到了尽头。接下来的170年里，麦格雷戈人像猎物一样被追杀，“麦格雷戈”这个名字也被一并废除，违令者被处死。

渐渐地，动荡不安的氏族战争不再出现，和平与繁荣的时代到来。

作为当时的模范村（model village），拉斯由詹姆斯·科库霍恩爵士修建于19世纪早期，主要是为了替换昔日的茅草屋以安置附近板岩采石场与棉纺织厂的工人。所谓模范村，特指旧时雇主为工人所建造的一系列质量较高的房屋。

我们现在俗称的“拉斯小镇”也是不准确的。虽然不同国家对村庄与小镇的区分标准各异，但综合来看，拉斯只能算是村庄级别的存在，最关键的一个原因是拉斯没有执政机关——市政会。

现如今的拉斯小镇，当年建造的老房子已所剩无几，目前最古老的当属

拉斯小镇

正对着洛蒙德湖且紧邻教堂的海滨小屋（Shore Cottage），它现在是科库霍恩家族博物馆与遗产保护中心的所在地。

5

今天的拉斯据说只有 20 多户人家，但游客几乎爆满。

乡村的房子及其花园点缀其中，自然惬意。

近些年拉斯已被连续评为“苏格兰最美的村庄”。凭借其悉心维护的小屋与夏日姹紫嫣红般的花卉展览，这一头衔可谓实至名归。

拉斯当地的板岩以其上乘的品质与漂亮的深灰蓝色而闻名。虽然采石场

拉斯小镇

多年前就早已停止运转，但镇内的房屋屋顶依然沿用了这种板岩，突出了其经久耐用与精美绝伦的特点。

拉斯曾经也进行过建筑创新，因为当时新式小别墅的建造属于现代的村镇规划的范畴，这足以证明人们对建筑业所持的开明态度。

拉斯也因一部横跨 1980 年到 2003 年的长篇电视连续剧《堂堂正正》（*Take the High Road*）的取景地而闻名，剧中的小镇格伦达洛克（Glendarroch）以拉斯为原型。

游客众多，镇上的人也需要忍耐力。我看到有人家门口贴有警告“当心里面有大狗”，还有多家标明“私人住宅请勿打扰”等，其中一个木牌上的文字还用中文标注，估计来这里的中国游客不少。

周末，拉斯的游人更多了，孩子们最快乐了，他们在一旁的水中嬉戏。胡杨也跃跃欲试，可惜他没带泳裤。

胡杨见到一女孩儿与鸭子们玩得很愉快，自言自语：“这孩子与它们在聊

民居门口的花架

水边的少年

村中教堂正在举办婚礼

天呢。”我估计他想自己的两个女儿了。

在拉斯小镇的湖边，我们又看到了人们对亲属的怀念。这些逝者应该都是小镇中人，他们曾经遥望过洛蒙德湖的美景。其中一张铭牌是家人对 47 岁女儿的哀悼，她应该是在 2017 年被谋杀。她的父母会有怎样的哀叹？洛蒙德湖的美景能否冲淡他们的哀伤？他们是否经常在这里回忆女儿小时候在湖畔玩耍的情景？

我们沿着洛蒙德湖畔走了一段路，村庄教堂在举办婚礼，人们正在外面聊天。新娘子不很惊艳，但穿粉红色长裙的伴娘很是优雅。伴娘旁边的小男孩也很可爱，一副小绅士的派头！几位男士的外套与苏格兰裙很般配，他们的配色真是一流，都很有型。

婚庆人员在教堂的墓地间穿梭，大家习以为常。

朋友圈的好友见此情此景也禁不住感慨：

拉斯小镇教堂

“生与死，就是这样往复循环的”“似乎只有一位出席婚礼的男士穿的是牛仔裤和休闲鞋”“这世界，我们如此近距离地观望它，却从未真正拥有过它”“想起《四个婚礼和一个葬礼》这部英式爱情电影，爱需要勇气”。

婚礼结束后，拉斯教堂又恢复到原本的冷峻模样。

根据导览册子《拉斯》介绍：

大约自公元 510 年起，在现今的拉斯教堂附近就已存在一个专门做礼拜的场所。相传，后来圣克苏格（St Kessog）来到拉斯，并在附近洛蒙德湖上的因什塔旺纳希岛（又称僧侣岛，Inchtavannach）上修建了教堂与修道院。

宣扬基督教在当时是一项充满危险的工作，克苏格在拉斯南部地区以身殉教。显然，他为了布道而付出了沉重的代价。教堂随后将克苏格圣化，苏格兰国王罗伯特·布鲁斯正式宣布这里为圣所与庇护之地，拉斯最终成为朝圣中心。在这座漂亮的教堂里，你会发现来自那个时代的颇具历史及文化价值的古老文物，其中就有插着十字架的石头与圣克苏格的雕像。

现今拉斯的这座教区教堂，是詹姆斯·科库霍恩爵士为了纪念自己的父亲詹姆斯爵士于1875年建造的。1873年12月10日，父亲与4名猎场看守从洛蒙德湖上的因什罗奈格岛打猎归来，途中不幸翻船罹难。据说岸边曾有人听到过湖中的呼救声，但由于误认为是欢呼声，所以并未理睬。后来，人们只打捞起詹姆斯爵士以及其中两名猎场看守的尸体，教堂前矗立着的一座纪念碑上镌刻有他们的名字。

有意思的是，父子俩竟然都叫詹姆斯。我的同事查了一下他们的家族，说有一堆人叫詹姆斯。父子俩的区别是第四任男爵和第五任男爵。

教堂屋顶的设计较为复杂，有如一艘倒挂着的船。内部装饰有许多精美的彩色玻璃窗，其中一扇的历史可以追溯到1950年，当时是为了纪念1948年逝世的莱恩·科库霍恩爵士。

6

我们又绕了拉斯小镇一圈，小河流水，怡然自得。

在湖边，我又见到新娘和新郎在游艇上接吻亲热，比在墓地旁美多了。

开始我们以为是本地人的婚礼，后来觉得更有可能是外人借这里的教堂办婚礼，因为我发现教堂附近有一家疑似婚庆公司的房子。

拉斯小镇

无论如何，看到这么多男人着正装、女人打扮得体的场面，还是很难得和愉快的。

我在欧洲走读，遇见过几次类似的婚礼场面。最有趣的是在意大利托斯卡纳的山城，婚车是一辆车尾拖着一堆可乐罐的小车，叮零当啷地响着。

来苏格兰的第十一天，天气最好，苏格兰最大的湖泊洛蒙德湖，湖面蓝得醉人，白色帆船，点缀其间。

7

去洛蒙德湖地区，有一座很不起眼的火车站塔贝特（Tarbet），据说苏格兰高地西线最美的铁路线经过这里。

洛蒙德湖

我们觉得火车站旁的塔贝特小镇很枯燥。

刚准备开车离开，却见对面有极亮眼的蓝色湖水，于是马上掉头，见有许多人在这里停车，我们也跟着停车。向前走去，大片的草地前面是高山深湖。这是洛蒙德湖的另一面，但因为地形的关系，另有境界。让我想起去年夏天在瑞士瓦伦湖的情景。

水面发出一种奇异的蓝光，我像是在梦里。

这种梦境般的感觉，我似乎有几次。

例如，10 年前去美国，那时我对坐飞机突然有了恐惧，已经到了不能坐飞机的地步，只能吃特殊的抗忧郁药，但第一次药量明显多了，即便坐了 10 多个小时的飞机，药性仍然没有过去。第二天中午到了洛杉矶，我急忙去了盖蒂艺术中心。

洛蒙德湖畔

事后回想，我在盖蒂艺术中心的观感若隐若现，与梦境极为相似。还有就是在瓦伦湖，当时我的感觉很不真实，现在回想，也宛若做了一场梦。

我们在宛如蓝色梦境的湖畔，回头看草地。胡杨情不自禁地说："这绿色也太好看了！"我说是的，胡杨你会一辈子记住这种蓝和绿。

我们沿着洛蒙德湖旁的A82公路继续开车，在民宿附近的巴洛赫超市（Balloch），买了一大堆东西。顺便看了看巴洛赫城堡，无趣，不过城堡前面大片草坪挺养眼的。

回到农场民宿已是晚上7点多，我小睡片刻，然后在朋友圈发表所见所闻，快到10点出去吃晚餐，抬头一看天际，晚霞已过绚烂多彩时刻，但还是很好看。

晚餐仍在鸭子湾餐厅，我们另点了海鲜鱼虾，味道仍保持水准，不错。

深夜12点30分，在喝了托斯卡纳上等葡萄酒、胡杨亲自调制的鸡尾酒，以及他的10年醇威士忌之后，我的脑子仍然清醒。我和胡杨谈论10多天来的苏格兰美景，讨论艺术品与大自然的关系。大自然是上帝创造的，艺术家渴望成为上帝，但终究输了一筹。

所以，大自然之瑰丽壮观，艺术品无法比拟。

8

来苏格兰的第十二天，早晨在洛蒙德湖畔的农场发呆。

草地，蓝天，远山，一大群躺卧着的牛。几分钟前，天空中有一架飞机掠过，浓重的白烟渐渐淡去。

我一个人吃完了一根从超市里买来的超长黄瓜。

嘴里还有些麻麻的。

洛蒙德湖畔

坐在这里想起来英国前还有一段插曲。

在和胡杨商量好来苏格兰高地和英格兰乡村后，我预订了机票和至少 23 处的酒店。没想到在来英国还有 10 天的早晨，胡杨告诉我，他的签证被英国领事馆拒签了。我当时就懵了，迅速发动朋友们做好安排，协助胡杨再次签证。

有朋友建议我做两手准备。但我只有想办法让胡杨通过。

最后胡杨的签证终于通过。

在此之前，我也没有太多忧虑。

人生麻烦的事情太多，忧虑不过来，就不忧虑了。

就像一个家庭只有一到两个孩子，家长一定会为他们焦虑。如果生了三个以上，家长忙不过来，可能也就无所谓了。

俗话说：人无远虑，必有近忧。这好像挺智慧的，但其实忧虑是人的本能，人年龄越大，就越为未来忧虑。

但我们忧虑就能解决问题吗？

这就像男人要求长期投资的确定性，女人要求男人给她长期的安全感，都是缘木求鱼罢了。

在我看来，这种看似极高明的远虑，破坏了本身也许可以实现的梦想。

比如，天天为投资愁得睡不着，只能成为追涨杀跌的投机客，而失去赚大钱的真正机会。

比如一对男女相爱了，女方天天思虑明天的安全感，变得焦虑，天天催逼对方给她各种保证，结果男女之间的爱情消失了。

我们人类没有把握远见的精确能力。

我们能做的就是，每天为未来的梦想做一点点努力，真切地感受到那个梦想给自己带来的激励与愉悦。

时间长了，也许梦想可以实现。

我把这种行为方式称为“弄假成真”。所谓的梦想，开始当然是假的，否则为什么叫梦呢？绝大部分人一思虑，可能就放弃了。

只有少部分人，也许是天赋，也许是运气，慢慢明白了所谓假的如何变真的直觉，然后转化为了一种能力吧。

这种不忧虑的能力，会被那些喜欢思虑的人嘲笑。

但时间久了，梦可能都成真了。

那些天天认为梦想都是假的人，只能面对世界的冰冷残酷。

9

我们刚来农场民宿的那个晚上，这里的牛正在我们门前。它们看见我们，曾试探性地走近我们，可很快就离开了，跑到远处。

转天，牛也离我们远远的。

第三天，牛群索性不见了。

我们有些失望。

谁知不久，牛群竟然朝我们这边走了过来。

开始它们离我们还有一定距离，最后竟然无比贴近我们。如果没有铁丝网，我想它们会直接冲向我们。

为了最大可能地靠近我们，有两头牛竟然打了起来。

为什么它们突然来找我们？

解释一：它们观察了两天，觉得我们没有威胁，就来看看我们。

解释二：胡杨说他的手机正在播放陈奕迅的歌，牛可能喜欢他的歌。

解释三：胡杨说他和我穿着鲜艳的格子衬衫引起了牛的注意，难道我们是斗牛士？

解释四：我们无意间的动作或许让牛误以为我们要喂食给它们。

无论如何，牛群很热情地期盼我们，见我们大呼小叫一番，希望我们分享早餐给它们，没想到我们最后走了。

呵呵，我们就像玩世不恭的人，一开始装模作样地喜欢对方，对方来了，我们却意兴阑珊。

朋友圈朋友评论：

“哈哈哈，主编说的竟然像极了爱情”“最后的总结挺直白的，这就是人性吧”“齐刷刷地看着镜头”“集体照也没这么整齐吧”“牛群在歌唱：远方的客人请您留下来当个农场主吧”“游客喂食惯的？”“不知道谁看谁”“天空的云朵就像梦境，活生生的牛儿在草地漫步，把梦想照到现实”“张主编，您好！您是一个对生活充满激情、幽默风趣又努力无比的人”“有一次我在澳洲自驾，内急在路边解手，没成想吸引了铁网围栏里上百只澳牛向我围绕过来——吓得我尿都尿不出来了”。

胡杨继续做着农场主的梦想。他对着牛群沉思很久，然后认真地告诉我，每头牛两万元，这里至少20头牛，那就是40万元人民币。真是脚踏实地的追梦者。

我开玩笑也学着胡杨站在牛群前，自称“在英国之行三分之一时间过后，我在胡杨的梦想感染下，也在朝农场主的方向迈进”。

朋友圈也忍不住一堆调侃：

> “胡兄面对着牛群，憧憬着人生的下半场，此刻，已是满脸幸福”“胡杨之梦——牛”“想起了蒙田的生活”“家财万贯，长毛的不算，当农场主不易”“主编买农场要看好地方吧！不要被苏格兰的夏天给骗了”“来北海道当农场主吧！这里大片的土地资源等人来开发”“原以为梦想是虚幻不存在的，每天跟随主编行万里路，切实感受着可望而不可即的梦想的魅力”“冒昧问一下，二位有畜牧业职业证书吗？雇人成本很高的”“美食家记得吃牛肉哦！和牛来源于英国”。

10

与牛群嬉戏，不知不觉忘了时间，已经中午12点30分，无论如何要出发了。

两天晚餐的时间都比较晚，11点回民宿，再喝喝酒，聊聊天，半夜1点才睡觉。

好在苏格兰的夏天晚上10点天也没怎么黑。

我们今天计划去洛蒙德湖的一个小镇，然后去绿树成荫的岛，走一个半小时的步道，最后回来再去另一个小镇，有位英国著名的脱口秀演员住在那里。

无奈的是，车才开到半路就见警察封路，原因是前方出了交通事故。

我们以为绕开走另一条路就可以，开了一圈，发现这里是唯一通路。

我们去附近的访客中心，工作人员给我们推荐了另一条路线，说是路途中的风景很好，重点是有一座很有名的因弗雷里城堡（Inveraray Castle），还可以不走回头路，坐轮渡回来。

出了访客中心，行驶不远，我们发现原来的封路处极有可能解除了。

我还是决定试一下新路线。

途中，见一汪小湖，比起洛蒙德湖，它太小太小。一路下来，我在苏格兰高地看到许多类似的湖，很安静，有些害羞，像少女一般的清新温柔。

所以，在我眼里，这样的湖已经非常熟悉，可还是不自觉地下车，看看。

11

因弗雷里城堡到了。

城堡从外观看就很有腔调，带着夏天的绿意。有朋友看了我拍的照片，认为城堡的绿色，像极了他在"宁海吃到的一种麦饼的颜色"，还有人说它像"迪士尼电影《怪物史瑞克》里面的城堡"。

我个人不是很喜欢因弗雷里城堡内透出的气质，比我看到的高地城堡差远了。

但是，城堡的武器库（军械厅）很出彩。欧洲城堡很多就是旧时代的政治权力和军事的中心，所以武器库我见得比较多。但这座城堡的中心大厅布置了这么多兵器，如此耀武扬威，着实稀罕。

历史上此城堡家族曾经帮英国王室在苏格兰开疆拓土，因此获得高官厚禄。城堡商店有该家族三卷本的传记可售。

回到上海，我阅读苏格兰尤其是高地历史，忽然发现因弗雷里城堡的主人就是高地氏族的死敌——坎贝尔家族。

我相信只要是比较认真阅读的读者，从前面的章节，应该知道坎贝尔家族一直站在苏格兰和英格兰王室的一边，是镇压苏格兰高地反对力量的急先锋，或者说，其总是和赢家站在一起。该家族几乎与麦克唐纳家族一样出名，只是后者为高地反对力量的代表、高地悲剧的象征。

当然，在因弗雷里城堡官方指南中很难了解该家族在苏格兰历史上那种独特的霸气。

12

阿盖尔公爵（坎贝尔家族）的祖先在15世纪时，就拥有了伯爵地位。到了17世纪，又从伯爵晋升为侯爵，主要原因是第一任侯爵（也是唯一一任侯爵）不再遵循效忠于斯图亚特王朝这一家族传统，反而在内战的时候，担任立盟约者的领袖。到了1701年，威廉三世为了表彰这位"光荣革命"时期的忠心副官，再度提升其爵位，授予公爵的封号。

接着的第二任阿盖尔公爵（1680—1743年），考虑在亚瑞河畔建造一座新的城堡，但这位陆军元帅去英格兰追寻自己的理想了。一直到他去世后，其61岁的兄弟兼第三任阿盖尔公爵阿奇博尔德（1682—1761年）才开始在因弗雷里新址建造这座将哥特式和巴洛克式融为一体的城堡。

当时，到因弗雷里想要走陆路的人需要向导来躲避丛林中的野兽，所有通往城堡的路都是羊肠小道。乘船是抵达因弗雷里最明智的方法——实际上也是唯一可行的方法。18世纪50年代，随着城堡逐渐成形，码头边挤满了装载着铅、铁、木材、板岩和其他建筑材料的船只，这些材料不仅是用来修建城堡，也用来建设当地城镇周边等。

因弗雷里城堡

因弗雷里城堡整整建了43年。

1877年10月，城堡发生大火。火灾后，中央塔楼被改成了军械厅，展示成堆的车轮和螺旋桨、前膛燧发火枪以及洛克贝尔斧头、高地阔刀等，这些武器沿着21米高的塔楼向上排列，给参观者一种惊人的感受。

传说，其中有些武器曾用来屠杀詹姆斯二世党人。

13

军械厅内应该还有苏格兰著名的双刃大刀。据《奇怪的苏格兰》介绍，这是一种需要用双手握住的作战武器，约5英尺（约1.5米）长。这种双刃大刀从13世纪就开始使用。有报道称，就算过了500年，只要苏格兰人再次拿起它，敌军无不闻风丧胆、胆战心惊。据记载，史上最长的双刃大刀有9英尺（约2.7米），重量超过23磅（约10公斤），不禁令人咋舌。假设一个人可以举起并挥动它，那么对手在攻击距离之内就无法近身。

相比之下，苏格兰还有另外一种著名的攻击武器——长匕首，其刀刃长度很少有超过一英尺（约30厘米）的，却极其致命。它的历史可以追溯到16世纪，是近距离肉搏战的理想武器。但请不要将它和另一款匕首相混淆，后者常常作为点缀苏格兰高地服饰的传统元素，也可用来切水果、鱼、肉和奶酪。

苏格兰牧杖（kent）是一种很厉害的橡木粗短棍，做工非常粗糙，却拥有极强的威力。它里面灌注铅以增加分量，长达5英尺。大多数牧杖都是自制的，在战场上几乎见不到。18世纪，艾尔郡海岸的威士忌走私者们发生争执时，许多人都被这种武器打得鲜血淋漓。随后，税收人员会上前阻止他们。

14

城堡大火发生之前的一段日子，第八任阿盖尔公爵的长子——罗恩侯爵，刚娶了维多利亚女王最美丽的四女儿路易丝公主，因而使家族与王室的关系更为密切。在因弗雷里城堡内，可以看到维多利亚女王在1871年女儿的婚礼上送给女儿的枫木写字桌。

1953年5月，因弗雷里城堡对公众开放。

不幸的是，城堡在1975年11月又经历了第二场火灾。

1976年到2001年，在第十二代公爵夫妇的努力下，城堡又恢复了以前的盛况。

现在城堡的主人是第十三代阿盖尔公爵。

城堡里面，除了著名的军械厅，还有宴会厅、挂毯休息室、中国楼和沙龙等。

宴会厅建于18世纪80年代，大厅有着华丽而复杂的墙纹，壁炉上方的油画由18世纪的肖像画家托马斯·庚斯博罗（Thomas Gainsborough，1727—1788年）绘制。

挂毯休息室，如宴会厅一样，透露着18世纪80年代最精致奢华的品位。令人有些难以想象的是，这个有些东方乃至波斯风格的房间是欧洲人装饰的。墙上的挂毯明显是进口的，天花板上的金色装饰也极具特色。

中国楼曾经是一个小藏书室，其实并不是中国风，取自“china”，室内摆满了一系列日本伊万里瓷器、中国青花瓷和欧洲的梅森瓷器，体现出历代公爵对瓷器的热爱。

古堡内最正式的房间是沙龙。沙龙一般用来迎接贵宾。18世纪80年代，在第五代公爵的一些小小改装下，沙龙逐渐成为一间更具现代风格的客厅，可供来访客人享用早餐、读报纸和弹钢琴。墙壁被涂成绿色，而一系列的家

因弗雷里城堡内部

族肖像高高悬挂其上，显示出家族当年的辉煌。沙龙内部的银器也值得一提，从精致的银色船只到百宝箱，都是家族长期以来的收藏品。

1870 年以后，花园才开始慢慢地变成现在我们看到的模样。

城堡花园有 16 英亩（约 6.5 万平方米）之大，其中 2 英亩（约 8000 平方米）是花丛和草坪，这块区域被精心打理；其余 14 英亩（约 5.7 万平方米）是天然的公园和森林。

参观这天比较悠闲，我们在城堡庭院里还喝了下午茶。

15

因弗雷里城堡旁有其同名的小镇，著名的景点是座监狱博物馆，可惜下午 6 点关门。

这个 18 世纪风格的镇子非常小，因为都是黑白搭配的房子，我把它称为“黑白小镇”。第一眼感觉很平淡，但仔细看，很有感觉。黄昏下，走在镇上闲逛越看越有味道。

与昨天洛蒙德湖畔拉斯小镇的房子相比，这里房子屋顶上的烟囱更密集。

“黑白小镇”的城市招贴画不像德国的设计复杂，而是简洁有力，用文字说清楚自己的定位，非常实用，却不失大气。

其实我喜欢的文风乃至推崇的为人方式就是这种感觉，简简单单，不修饰过多，但内容充足。我上大学的时候，读到老舍谈英国文化对自己写作的影响，说是“清清白白”的，大概就是这种感觉。而我本人也深受老舍影响，追求看似简单却底气十足的表达方式。

因弗雷里小镇

糖果店的外观一般总是花花绿绿的，但因弗雷里的糖果店外貌也是黑白风格的，看似简朴，舒服大气，内容丰富，也有型。但我估计大部分人还是喜欢雕饰的看似繁复精致的事物。

从镇子入口看湖，宛如仙境。

回程的路上，到处是景，可惜我们老找不到停车的地方，只能把美景收藏在眼底和心中。

晚上 8 点的湖面，仍是蓝得深不可测。

我们不走回头路，渡船回去。上个星期的周末，我们去斯凯岛，竟然下午只有两班船，让我们措手不及。这里的渡船每 15 分钟一班，周日要到晚上 11 点才结束。这个轮渡，载车也载人。

夕阳西下，湖景醉人。

因弗雷里小镇边的湖景

第十章 | Chapter 10

斯特灵

STIRLING

斯特灵民宿

斯特灵城堡

圣鲁德教堂

卡伦德小镇

1

中午我们先去了旁边洛蒙德湖畔的海伦斯堡小镇（Helensburgh），也是由建造拉斯教堂的詹姆斯·科库霍恩爵士所建。当时他娶了海伦·萨瑟兰（Lady Helen Sutherland）为妻，因为妻子对这座小镇很感兴趣，于是詹姆斯就将其命名为海伦斯堡。

我们是抱着很大的期待去的，却发现小镇的新旧建筑搭配不协调，而且整个环境脏兮兮的。在那里摸索了半个多小时，我果断地决定撤退。

旅行的时间是有限的，不能把时间浪费在这种过于一般的地方。

一个小时后，我们来到苏格兰旅程中的最后一站：斯特灵（Stirling）。我们入住的度假小屋，非常宽敞，三个洗手间，三个房间，客厅、餐厅都足够大，很满意。

2

在度假小屋安顿好后，我们直接去山上的斯特灵城堡（Stirling Castle）。

《城堡的故事：半部英国史》写道：

爱丁堡城堡（Edinburgh Castle）与斯特灵城堡是苏格兰最负盛名的城堡，这绝非是溢美之词。两座城堡都耸立在巨大的裸岩之上，俯瞰着下方的街道与房屋，威风凛凛。它们看起来高傲、无敌、睥睨一切——鉴于二者在苏格兰关键的历史转折点上所起的核心作用，它们的确当之无愧。

尽管爱丁堡城堡与斯特灵城堡非常著名，但这两座都不能视作苏格兰城堡的典型之作。我们今天在这两座城堡的城墙内看到的许多建筑都是建造于

斯特灵城堡

16世纪，在这一时期，苏格兰宫廷与法兰西宫廷的联系非常紧密，所以这两座城堡是大陆石工按照欧洲文艺复兴的庭院设计风格建造的，而不是本地匠人遵循本土的苏格兰传统建造的。此外，在18至19世纪，这两座城堡都经历了重大的翻修与重建，被改造得面目全非。在苏格兰，城堡修建的惯例是塔楼，而非庭院设计。正是塔楼或“塔楼式城堡”的设计，为苏格兰城堡的身份打上了独一无二的永恒烙印。

3

塔楼式城堡的出现，与一个苏格兰新王朝的崛起发生在同期。这个王朝就是斯图亚特王朝。而说起斯图亚特家族，就不得不提斯特灵城堡。从12世纪开始，斯特灵城堡就是苏格兰历代国王和女王们最钟爱的住所之一。并且它占据着苏格兰最重要的战略位置。曾有前人说，只要掌控了斯特灵，就能掌控苏格兰。

斯图亚特家族的姓氏起源于一位名为沃尔特的人，他曾经担任过一位苏格兰国王的管家［“Stewart”这一姓氏就是源于“Steward”（管家）一词］。

1371 年，斯图亚特家族获取王位后，一直将王朝延续到 17 世纪晚期。

詹姆斯一世的生命中有将近 20 年是在英格兰作为人质度过的。1424 年，回到苏格兰后，他将斯特灵城堡作为婚姻契约的一部分给了他的王后，城堡本身及庄园的收入都属于王后的个人财产，詹姆斯之后的多任王位继承人都保持了这一惯例。

获释后的詹姆斯一世认为没有尽力帮助自己获释的是叔叔奥尔巴尼公爵罗伯特，对此充满仇恨，但公爵已过世。1425 年，议会批准死刑，公爵的儿子默多克及两个孙子在城堡附近的“断头山”上被斩首，他们的大量财产被全数归入詹姆斯囊中。

詹姆斯一世因此事以及其他的行动令而四面受敌，1437 年被刺杀身亡。

詹姆斯二世在位时对当时最有权势的道格拉斯家族施以毒手。1452 年，詹姆斯二世在斯特灵城堡设家宴将第八代道格拉斯伯爵威廉刺杀。

随后，威廉的弟弟带领众多人马火烧斯特灵城堡。但在与詹姆斯二世的对抗中最终流亡英格兰。

1460 年，詹姆斯二世在围攻罗克斯堡时因意外炸掉了腿，最终不治身亡。

1488 年，詹姆斯三世与苏格兰贵族彻底决裂。贵族们说服未来的詹姆斯四世（詹姆斯三世的儿子）反叛，于是詹姆斯三世被刺杀而亡。

詹姆斯四世是位备受爱戴且功成名就的君主，我们如今看到的斯特灵城堡大部分都由他建成。他汲取了文艺复兴的新知识和艺术，为其辉煌的宫廷建造了大礼堂和皇家教堂。他曾在皇家教堂中对自己在弑君弑父中扮演的角色进行了忏悔。

可他在1513年战死沙场，于是才一岁大的詹姆斯五世继位。1528年，詹姆斯五世亲政，为了挽救被先前摄政王败到几乎破产的王国，通过两次婚姻，获得了大量的财富。约在1538年，詹姆斯五世开始在斯特灵建造其恢宏的宫殿。这座宫殿的建成标志着中世纪的终结。

詹姆斯五世1542年病逝，只出生六天的玛丽成了女王。1543年9月9日，襁褓中的玛丽在斯特灵城堡的皇家教堂中被加冕为苏格兰女王。1567年，玛丽女王被贵族逼得退位，由仍是婴儿的（苏格兰）詹姆斯六世（即英格兰詹姆斯一世）即位。詹姆斯六世在未来成为斯图亚特王朝中在位时间最长、最强大的君主。

4

在城堡上登高望远，下面的景色格外苍翠。

之前听到过一个有趣的故事，说是出生于意大利的炼金术士约翰·达米安，在斯特灵城堡的实验室试图把轻金属变成黄金，但没有成功。埋头苦干5年后，他面临着不再获得王室资助的局面。为了重新获得詹姆斯四世的信任和兴趣，1507年，他戴上一对鸟羽从城堡的城垛上跳下，但他并没有飞起来，而是栽在了皇家粪堆上。出乎意料的是，他竟然没有受伤。

斯特灵城堡远眺

5

我喜欢 15 世纪的安妮女王花园胜过其城堡内部的装饰。

曾经去过很多法式花园，过于几何化的造型，有种树木花草被强行排列的感觉，显得呆板。英式花园强调自然流露，各种鲜花随意搭配，让人有争奇斗艳之感。

仔细琢磨一番，英式花园打理起来应该比较困难吧。要让各种花卉怒放，本身就不容易。我很好奇那些好看的花园是如何让花长开不败？我设想过，或许是园丁不断移植新鲜的花卉于园中。

各种鲜花的搭配，看似是一件随意简单的事情，但其实随意的背后是匠心，

城堡花园

是不刻意中流露出的刻意。

我喜欢英式花园，正是看中了这种随意中的不随意。这大概也是艺术的最高境界之一。

艺术有无数的变化，很丰富，不会只有一种格调；艺术同时尊重一定的规律，给欣赏者无比的魅力。

6

詹姆斯五世的御德宫、王子塔以及王子步道的外墙有一些雕像，很像巴黎圣母院的滴水嘴兽，但很多有破损。胡杨猜想是被攻城的甩石机火力烧的，他说很多电影里经常有类似的场景。

斯特灵城堡是兵家必争之地，至少从1110年开始，就掌握在苏格兰王室手中，曾在几个世纪内遭到15次围攻，是苏格兰被围攻次数最多的城堡。

城堡建立在巨大的火山峭壁之上，俯瞰着山下的平原。我们开车来的时候，很远就看到它在高处的风采。

斯特灵城堡三面易守难攻，因此它的防御主要集中在东南方通往镇上的较为平缓的通道上。城堡最重要的战略目的是控制福斯河往东的渡口。

我最喜欢的是王后寝宫的独角兽挂毯。2018年冬天，我在

斯特灵城堡雕像

巴黎中世纪博物馆第一次接触独角兽挂毯，欣喜莫名，我曾在“志雄走读”系列的《大巴黎》中做过详细介绍。

如今城堡的挂毯是复制品，16 世纪的挂毯真品收藏在纽约大都会博物馆的修道院艺术博物馆。

詹姆斯五世夫妇曾拥有许多挂毯，在一份 1539 年的存货清单中提到了两套独角兽挂毯。当年的挂毯是从低地国家（即荷兰、比利时、卢森堡等西欧的沿海地区）的工场购买的，从那里购置一套挂毯的费用几乎抵得上一艘新的军舰。当宫廷的王室成员从一处皇家寓所搬到另一处时，这些挂毯很有可能被卷起来，与他们的其他财产一起迁移。

根据官方手册记录，这套作品包括 7 幅挂毯，讲述了为获得独角兽具有净化神力的兽角而对其进行猎杀的故事。挂毯中所描绘的场景兼具装饰性和启发性，其中富含基督教的传统形象，独角兽代表基督，少女则象征圣母玛

独角兽挂毯

利亚。对独角兽的杀戮及其重生是整套作品的高潮，象征着激情和复活。人们对这些复杂的象征意义可能存在多种不同的解读，其中包括一种更直接的对王室爱情的寓言，少女的爱牵绊住独角兽（爱人），令其变得驯服。

今天的独角兽已经成了独特的高利润公司的代名词。投机者追捧它们，只剩下激情了吧。

詹姆斯五世让画师
雕刻的斯特灵头像之一

7

我们在城堡喝完下午茶，去走走斯特灵老城。

斯特灵老城的建筑也是高高大大的，第一眼是笨拙，第二眼还是笨拙，但继续看下去，会发现一些美。尤其是在夕阳的照耀下，斯特灵显现出极为独特的面貌。记得多年前的一天，我们大约晚上 9 点到达爱丁堡，也是阳光投射在建筑上，场景很美。

当时在爱丁堡我们住的是一家曾是报社改造成的酒店，我作为一个曾经的报人，对比很有亲切感。斯特灵老城也有一家高地酒店，其前身是一所高级中学，很气派。我觉得在这里住宿应该很不错，但房间可能太小不适合我们。我们决定在这里吃晚餐，感受一下老房子的氛围，但菜单实在太“英国”了——汉堡、炸鱼和薯条，最后还是放弃。

后来看见酒店对面有一家“妈妈咪呀”意大利餐厅，外观好看，吸引了我们，随即决定在那里用餐。

斯特灵老城

餐厅的老板来自意大利南部大城市巴里。他在苏格兰打拼多年，梦想开一家意大利餐厅，梦想成真。于是他带着家乡的厨师在此开启梦想之门，餐厅获得了不少美食奖项。

餐厅的菜肴还算可口，不过我觉得它给人们带来更多的是温馨与家乡之感。

意大利老板很会经营。我曾在新西兰与瑞士遇到过类似的意大利餐厅老板，他们很善于和客户沟通，营造轻松愉悦的氛围。

胡杨一直在做各种创业梦。早上在海伦斯堡看到一间位于街口的房子在出售，他就很不解，为什么这种旺铺没人接手？

他此时被意大利老板的故事激励，认为可以在旁边开一家四川火锅店，肉用当地的，调料从四川进口，然后再进口崂山蛇草水。

好吧。

最后火锅店里播放《成都》？

8

第二天中午我们前往斯特灵十几公里外的杜恩城堡（Doune Castle）。

《苏格兰的影视取景点》对杜恩城堡的介绍是：

无论是电视剧《权力的游戏》（*Game of Thrones*）、英国喜剧组合巨蟒组还是系列剧集《古战场传奇》（*Outlander*），都使得这座14世纪的城堡为更多人所了解。

杜恩城堡是一座中世纪时期的城堡，俯瞰泰斯河（Teith River）。自1975年的喜剧电影《巨蟒与圣杯》（*Monty Python and the Holy Grail*）播放以来，杜恩城堡就成为荧屏上的一大焦点。通过不同的角度拍摄，巨蟒组合给人们一种片中出现了多座不同城堡的感觉。影片开始，薄雾中传出了马的嘶叫声，亚瑟王带着他的仆人帕特西一路向城堡跑去，帕特西一边跑一边敲击着椰子壳以模仿马蹄声。他们站在城堡东面的城墙下，亚瑟王介绍，“我是英国国王”（然后从城堡中传来一个声音——“别逗了”）。

为了在电影中展现大厅、厨房、公爵夫人的房间，以及婚礼现场等不同地方的场景，剧组使用了城堡中的多间房屋进行拍摄。多年来，巨蟒组合的粉丝们喜欢沿着城墙一边小跑，一边敲击椰子壳，然后用浓重的法式口音嚷着剧中的台词“我朝着你那边放屁了”。

在《权力的游戏》的试播剧集中，杜恩城堡还在临冬城的拍摄中出现过。但后来的拍摄转到了北爱尔兰。在拍摄《古战场传奇》中的利奥奇城堡的时候，杜恩城堡再次成为剧组的首选。

杜恩城堡还以道格拉斯城堡的形象出现在2018年的电影《法外之王》（*Outlaw King*）中，这是一部根据苏格兰国王罗伯特·布鲁斯的真人故事改编的影片。剧中的道格拉斯城堡是布鲁斯及其手下所烧毁的其中一座城堡。英国历史文化资源顾问尼克·斯科特曾经赞美过这部电影的艺术团队：“即便明知这是特效，但看到‘燃烧’中的杜恩城堡还是令我深感不安。”

9

我抱着极大的期望来到杜恩城堡，可发现这地方空空如也，比较失望，不值一提。

胡杨与我儿子却是津津乐道，谈论起《权力的游戏》中的各种情节。

我只看过美剧《越狱》（*Prison Break*），很多年前看得天昏地暗，吃饭都顾不得。后来我明白，美剧就像游戏和抽烟，碰上了就无法自控，只有彻底远离它们才可以。

我记得那时刚开始创业，压力很大，只能靠各种娱乐视频消遣。现在回看，那是我人生最白痴化的阶段。

我把杜恩城堡看作网红城堡，所谓的粉丝前来打卡，在这里抒发情怀。

至于剧组为何喜欢在这里拍摄电视剧？

可能一是出租费用便宜，如果不是这些电视剧让城堡走红，这里跟废墟差不多；二是一张白纸好画画，城堡内几乎没有任何东西，剧组可以任意布置；三是剧情需要，像《权力的游戏》中一位远离政治主流的城堡主在这里，也是挺合适的。

10

杜恩城堡原本作为行程中的重点，没想到竟然不到半个小时我们就参观完了。

后面只能去离斯特灵更近的邓布兰（Dunblane）逛逛，这里有一个与其小镇规模不相称的大教堂。

邓布兰大教堂的外观很一般，但里面十分惊艳。

教堂的大部分建筑结构源自 13 世纪，最后完成于 19 世纪末，一直在不断完善。

教堂最大的特点是细腻。很难让参观者不停下脚步，不会走马观花般匆匆而过。

邓布兰大教堂

唱诗班的座椅木雕表情各不同，就连听道席的木椅上的扶手木雕也各不相同，这就体现其细致的一面。

这在其他大教堂是很少见的。

邓布兰人口大约 8000 人，小镇面貌尚可，一条不长的主街，有古董店、礼品店、肉食店和餐馆等。

当地在 1996 年发生了一起枪杀小学生的恐怖事件，估计现在已被人们淡忘了。据胡杨观察，主街上有四五家房子在出售。

没想到这个小镇，还有自己的博物馆，内容相对比较丰富。

多年来我在欧洲到处跑，在每个地方都会购买关于当地的一些文字介绍。关于英国各个地方的文字书籍颇为充足，英国人对自己的历史最为敏感。其他地方都差一些，即便是对自己的文化和历史极为骄傲的法国人，也没有足够多的阅读选择。而像瑞士这种以旅游业为重点的国家，介绍本地景点的文字资料也很欠缺。

博物馆的两位管理员老太太很空，与我们闲聊，说我们是她们见到的来小镇参观的第一拨中国人。有意思的是，其中一位的女儿在英国驻中国大使馆工作了三年。

主街上有一家中餐馆，但除了招牌上的两个汉字外，菜单全是英文，应该也没考虑中国人，它的服务定位还是针对外国人。

两位老太太的苏格兰文化自豪感极强。我们说在苏格兰玩了两周，马上要去英格兰乡村。她们却说：“这不是个好主意。”

邓布兰小镇的家乡名人意识也很强，网球明星兄弟安迪·穆雷和杰米·穆雷都来自邓布兰，当地博物馆还开辟专区介绍他们，主街上也有他们的专卖店。

11

根据博物馆老太太的推荐，我们来到主街尽头的一家河边餐厅。这家餐厅很讲究，来对了。

我很喜欢观察当地人露天聚餐或喝下午茶时的状态。胡杨说他们深圳小龙虾店的墙上有着不少无厘头的标语：“旁边的男生不主动买单，你就把小龙虾的虾壳子砸在他脸上”“我们的店什么都缺，唯一不缺的是美女”。

在邓布兰餐厅发呆，我也喜欢看墙上各种有趣的说辞：

你的身体并不是寺庙，而是一座游乐园，在里面玩个痛快吧！

——安东尼·波登

好啤酒只要尝一口就够了，但最后还是细细品尝吧。

——捷克谚语

今天的雨水就是明天的威士忌。

——苏格兰谚语

每个女人的生命中都会有这样一个时刻，唯有香槟可以分担忧愁。

——贝蒂·戴维斯

如果我们中越来越多的人更看重食物、欢乐与歌声，而不是黄金，那我们所生活的世界会更加美好。

——约翰·罗纳德·瑞尔·托尔金

一餐不饮酒，恰似一天无阳光。

——意大利谚语

最让我无法抵抗的两样东西分别是美食与男人，先美食，再男人。

——多莉·帕顿

如若没有大快朵颐的享受，那研精毕智，风花雪月，酣然入梦皆无从谈起。

——弗吉尼亚·伍尔夫

邓布兰餐厅的菜肴好吃，尤其是意大利火腿包鸡胸，很特别。

斯特灵老城

12

一时不知道应该去哪里玩了，我们只能返回斯特灵老城，先去圣鲁德教堂（Church of the Holy Rude）。1567 年詹姆斯六世在那里加冕。大教堂下午 4 点 30 分关门了，我们没进去。

苏格兰的夏天，晚上 10 点天还亮着，但几乎所有景点都在晚上 6 点之前关门。很多游人都在街上闲逛。

我们散步到附近的斯特灵桥（Stirling Bridge），1297 年，苏格兰人在这里打败了英格兰人。

当时强大的英格兰君主爱德华一世率大军横扫苏格兰，俘虏了苏格兰国王约翰・巴里奥，并夺走了苏格兰国宝“命运之石”。

正当大部分苏格兰人已经屈服于英格兰人的铁蹄时，戏剧性地出现了威廉・华莱士这个人物。以华莱士为主角的电影《勇敢的心》曾荣获五项奥斯卡奖项，是有史以来最成功的苏格兰战争片，但多少夸大了华莱士的影响。

正如西蒙・沙玛的《英国史》所言，华莱士根本不像好莱坞编剧描写的那样，是一个穿着朴素、土生土长的青年，实际上他的家在苏格兰西南部，父亲拥有乡绅庄园，依附于詹姆斯・斯图亚特这个大贵族。

1297 年 8 月下旬，华莱士和属下在斯特灵城堡前遇上了一支英格兰军队。爱德华一世在苏格兰最重要的指挥官德・沃勒和格雷辛汉自以为占优势，便派人去刺探华莱士是否愿意谈判。华莱士的答复非常有名：“告诉你们指挥官，我们到这里不是来谈判的，是来战斗的，是保卫我们自己的！我们已经做好准备，就在这里恭候。”

一番奚落就是要激怒英格兰人，使他们从城堡出来。

英格兰人上当了，穿着笨重铠甲的英格兰骑士集结在狭窄的斯特灵桥上，藏在山上密林中的苏格兰勇士瞬间冲下来袭击。

大部分英格兰人在拥堵中被杀得血肉横飞，他们无路可走。几千名受困的英格兰人和威尔士人被砍死或者淹死在泥泞的河里。

胜利冲昏了华莱士的头脑。1298 年 7 月，华莱士在福尔柯克对阵爱德华国王本人。几个小时后，苏格兰人成千阵亡。

1305 年，华莱士被爱德华国王施刑处死。

13

《奇怪的苏格兰》书中指出，影片《勇敢的心》所反映的事实错误百出。比如：

第一，《勇敢的心》的实际原型是罗伯特·布鲁斯，而不是威廉·华莱士。

第二，影片中，狡猾的华莱士与伊莎贝拉公主亲热后，不知怎的就成了爱德华三世的父亲。事实上，爱德华三世直到 1312 年 11 月才出生，是华莱士被处死后的第七年。

第三，同样地，法兰西公主伊莎贝拉也不可能像电影中那样，就即将到来的福尔柯克之战劝告华莱士要有所防备。因为当时她才三岁，也从未去过不列颠群岛，所以几乎可以肯定她根本不会讲英语。

第四，“每个人都会死，但并非每个人都真正活过。”这句名言并非出自华莱士之口，而是出自一位 19 世纪诗人威廉·华莱士。

第五，靛蓝（古时人们用来涂染身体和脸）是一种在战争场景中非常显眼的蓝色人体涂料，但在罗马时代就已经过时了。也就是说，至少在华莱士出生前 800 年就已不再流行用它在身体上着色了。

第六，尽管有证据表明当时的英军没有穿制服，但其敌对方所穿的苏格兰格呢服装至少要过几百年才出现在苏格兰。

第七，电影完全歪曲了至关重要的斯特灵桥战役的事实背景。影片中士兵们在开阔的战场上排成长龙作战，而实际上英格兰军和苏格兰军在河两岸对峙而立。由于参战人数相差悬殊，少部分英军想要跨越狭窄的桥，却被苏格兰军屠杀或在企图逃跑时直接掉入河中溺亡。

第八，电影中，华莱士在爱丁堡城堡被抓获，但实际上他是在罗伯伊斯顿被俘。罗伯伊斯顿如今是格拉斯哥的郊区。之后华莱士被移交给英格兰军，押送至伦敦的史密斯菲尔德进行处决。行刑官将他送上绞架后，把其身躯砍成四块，运至泰恩河畔的纽卡斯尔、特威德河畔的贝里克、斯特灵和珀斯这四个地方展示，以炫耀英格兰的全面胜利。而他的头颅一直朝南，悬挂在伦敦桥上的一根长矛上。

14

苏格兰人并没有屈服，具有政治智慧和军事能力的年轻伯爵罗伯特·布鲁斯，随后揭竿而起。

布鲁斯与华莱士不同，他不与英格兰军打正规战，而是打游击战。

爱德华一世 1307 年去世，他对儿子很不放心。临死前，他命令属下将他的遗骨带上跟随英格兰军队出征苏格兰。

1314 年 6 月，布鲁斯在斯特灵城堡以南的沼地平原围攻了英格兰卫戍部队，因泥沼地，英格兰人无法施展力量，最终被苏格兰军队击溃。英格兰同盟军死亡 4000 人。这就是苏格兰历史上最伟大的战役——班诺本克战役。

15

比起斯特灵桥，我对桥下的花花草草更感兴趣。紫色的风信子，还有遍地不知名的花草。

下午 6 点，有点无趣，我不甘心这么早就回到斯特灵的度假屋。

与胡杨商量，要不要去卡伦德（Callander）看看？这个小镇据说很漂亮，但人口不到 3000 人，比邓布兰还要小。

胡杨说开车半小时可以到达。

于是我们开车，出发。

我们发现路途中需要经过白天的网红城堡杜恩，才能到达卡伦德。早知道去完杜恩城堡应该顺便就过去了。

停车场下车后，我抬头看了一下周围的景色，对胡杨说：“我们赌对了。”

卡伦德河边的花儿，美得如梦如幻。

这里的景致感染了朋友圈的好友：

“水清如镜，分不清是倒影还是本源”“你们发现了一个又一个的世外桃源”“果然漂亮，连鸟儿都在看风景的地方”“这才是精美的生活”“这种草在南方池塘周围经常看到，只是没有你照片中风清云淡的天空倒映在水中那种如梦如幻的印象派风格”。

让我开心的不仅是卡伦德的田园生活，还有小镇晚上 7 点的热闹生活，这在欧洲也是不常见的。

卡伦德河边

河边的椅子上坐着一位年轻的爸爸，抱着婴孩，旁边坐着大儿子。

我征得这位奶爸的同意，拍下了他的幸福生活。

有意思的是，那位大一点的儿子开始看到我拍照，有些惊慌，然后看到我乐呵呵的，便放松地依偎在老爸的身边。

朋友圈的好友也很喜欢这一家：

“旅行就是要了解当地人的生活方式、状态，看他们悠然自得的幸福笑脸”“这奶爸太帅了！看着旁边老婆注视的目光就知道有多幸福了”“壮硕的老爸”“这位奶爸的笑容让人喜欢，我们的奶爸在外面会有这么开心的时候吗？”。

几年前，我喜欢拉着儿子的手，他也喜欢。

现今，他的青春期综合征犯了，曾被我狠狠地骂了两顿。

今天，在路上他突然让我搂着他。

我说：“你太肥了，我搂不住你了。”

他说：“不是肥，是健壮。”

16

在乡村小镇旅行，晴天太重要了，黄昏之前的阳光很好，黄昏后的夕阳更美。2018 年夏天我们在瑞士 33 天，好像只有一两天是雨天。

在苏格兰的这段时间，我们遇到的阴天和雨天要多于晴天。白天阴晴不定，没想到我们晚上 7 点到卡伦德小镇，看到美丽的夕阳时，我的整个世界顿时精神了。

卡伦德有一座石桥，蓝色的河面映出有弧度的倒影，奇幻。

还有河边草地的人与狗。

好友评论：

“简直如陶渊明的《桃花源记》中写的‘土地平旷，屋舍俨然，有良田美池桑竹之属’”“小狗刚看到有点凶，仔细看有点萌”。

卡伦德河边

我们去主街上走走。

在一家色彩缤纷的冰淇淋店前面，我拍摄了四位闺蜜的状态，她们自在地给了我一个兴奋的回应。

她们中有人看到胡杨，问：你们是不是巴勒斯坦人?

哈哈哈。我想起了一段在以色列和约旦的旅途中发生的故事。

有一次，在约旦某个景点的卫生间外，一群坐游轮来的南美大妈大姐蜂拥而至。见女卫生间满了，她们索性把男卫生间也占领了。

我被她们赶出卫生间，只能站在门外。

我皮肤黝黑，穿着一身全白的上衣和裤子。

一位走出卫生间的南美妇人突然挽住我的胳膊。

我一阵惊讶。

是不是把我当成了失踪多年的丈夫或抛弃了她的男友？

走出卫生间的南美女人纷纷涌了过来，围住我。

我那么有魅力吗？

被她们撕扯着，一个个争着与我合照。

我被折腾了许久。

最后我恍然大悟，是不是把我当成约旦当地的贝都因人？

17

胡杨指着主街上的建筑，说他喜欢房子的阁楼。我说自己从初中开始，一直到离开家为止，都是住在阁楼。我的阁楼人生很有意思。

卡伦德教堂的正门挺特别，正在维修中。

卡伦德只有一条主街，但很长。

一间二手书店的男主人在外抽烟，造型有点像马克思，女主人在书店里静静地读书。

我们走到主街旁的“友谊花园”，它是由当地社区修建的。花园中的石头与植物再现了卡伦德的历史，其中大多数都是苏格兰土生土长的物种。

种在泥煤土上的是睡菜（bog myrtle），散发出一种强烈的芳香。几个世纪以来，这种植物被用来驱赶恼人的蠓蚊。前面提到过，刚来苏格兰的某日晚上，我在湖边小屋外被它们袭击过，后来倒是没有类似的遭遇了。

卡伦德小镇花园

鹅卵状石英石让人们想起了 19 世纪晚期人们从泰斯河中采集淡水珍珠并以此为生的情景。这些人所居住的地方后来改名为珍珠街。

卡伦德地区颇有代表性的布丁石头（puddingstone），就是 4 亿年前高地地区湍流中淤泥凝固后所携带的圆形砾石。卡伦德教堂和主街上的许多建筑都能见到这种石头。

社区公园的介绍，内容很让我着迷，它不只是一个简单的花园，其实还是一个卡伦德博物馆。一个小镇的社区花园也能设计得这么精彩纷呈，沉淀历史底蕴，佩服。

18

晚上 8 点，我开始在卡伦德小镇的主街上疾走。

我喜欢阳光，尤其是夕阳下的光照。记得 2017 年夏天在阿姆斯特丹的某日黄昏，我透过窗户看到运河边的建筑突然有了神采，随即冲下楼，朝着夕阳下的运河跑去。

2018年夏天的伯尔尼，夕阳下，再次看到金光笼罩的街道，我又奔跑起来。

我跑到卡伦德主街的尽头。

忽然发现旁边一座大花园，草坪看起来也舒服。

我冲了进去。

可我察觉好像闯入了私家领地，很不妥当。

我正犹豫着。

一位老太太从房内走出来。

我一时间不知道怎么办好。

我有种少年时捣蛋被上海弄堂老太太教训的预感。

但我很喜欢眼前的花园。

我一时不知所措，是赶紧撤还是留下来。

好友评论：

“看样子留下来了”“老太太慈眉善目，似乎可以交流”“主编的文字非常有趣，让人忍俊不禁，让我想起小时候调皮被抓包的场景”“鹤发童颜，人美心美、手艺好才能打造出美丽的花园”。

19

老太太一步步朝我走来。

我知道她应该严厉地说：这是私家花园。

我承认，如果一个男人跑到我家花园，我肯定也会生气地这么说。

老太太走到面前，疑惑地看着我：“你是游客吗？”

我说：“是啊”。

然后呢？

我只能表达一下自己的兴奋之情，请她原谅我这么冲动。

可我用什么语言形容眼前的美景呢？

我只能说：“太美了！”

昨天下午，刚看到有读者调侃我，说我的微信小视频拍到大自然美景时，只会感叹：“太美了，太漂亮啦！”

可是，在那个环境下我确实语言表达贫乏啊。

想想我们吃到美食，最喜欢说什么？

好吃！

我正着急呢。

但我发现老太太的神情从疑惑变为理解，想与我交流。

我直觉是当时的狂喜神态展现了我对她花园的赞美。

20

我见老太太没有抗议或教训的意思，便用理性的语言告诉她：“很不好意思，但我实在太爱你的花园了。”

老太太笑笑：“你知道这个大花园是由谁打理的吗？”

我回答：“你的园丁？”

老太太得意地说：“我一个人！”

我估计她70多岁了。

她说这花园确实很大，天天跑到较远处打理，是有些累。

我只有惊讶。

随后她便带我进花园里面看看。

走进花园后，我看到一种紫色的花，太精致了，脱口而出：“我没见过这种花。”

老太太便如数家珍，给我讲这种花是什么，如何种植，如何移植，如何维护。

不要说我听不懂这些英语专业词汇，就算是旁边有翻译，我估计也只能一知半解。

好友说：“那棵大一点的蓝紫色的估计是刺芹，小的可能是蓝盆草。”

我大学毕业后，就喜欢花卉园艺，还买了书研究，不过没入门。

这些年，住在别墅社区，里面也有不少热爱园艺的邻居。我经常会去看看，也很喜欢，但仅此而已。

“你看到远处的那棵树吗？”老太太问我。

我回复：“进花园第一眼，就喜欢上它了。”

“你知道它什么时候来到这里的？ 45 年前。”

老太太指着身旁的小树苗继续说：“当初它就是这么一个‘小娃娃’。”

卡伦德小镇花园

而后她指着看似稀疏的花草说："这是野花，但我非常喜欢它！"

我这次听懂了："勿忘我！"

我马上说我也喜欢。

"送你一朵勿忘我。"

21

老太太突然问我："你觉得英国的花草园艺与中国的有区别吗？"

按照我的习惯，我对自己一知半解的问题，回答都是"不知道"。

可对于这个苏格兰老太太，这么说也许会很不礼貌。

我犹豫了一会儿，笑着说："有区别啊。"

她又指着勿忘我旁边的花草说："这是法国的。"

她说自己和先生都教法语课（或者是研究法国文化的），她把法国园艺也融合到这座花园了。

我记得几年前去过一家法国人的花园，风格却是英式的，法国太太把英

卡伦德小镇花园

国风格融入法国花园。

她听我说来自上海，说知道那是一个大都市。

她问我在苏格兰玩了多久。

我说已经两周。

“你最喜欢苏格兰哪个地方？”

“斯凯岛。”

她笑道：“我也喜欢斯凯岛。我喜欢全家人去那里。在斯凯岛，我们可以看到不同的景色。”

真是有眼光，一下子概括了斯凯岛的本质。

我告诉她，我们明天就要离开苏格兰去英格兰北方的湖区，然后再去巴斯，最后去科茨沃尔德以及牛津剑桥，大概还要继续两周。

我一个人追着夕阳，“失踪”太久了。

我只能选择道别，回去跟胡杨他们集合。

最后我还是忍不住问：“您今年高寿啊？”

我知道不该问她的年龄，但我太好奇了。

她果然露出少女般的羞涩。

她微笑着说：“我们女人的年龄可不能说。”

不过最后她还是选择告诉我：“我还有一个星期就 80 岁了。”

80 岁还可以独自打理这么大的花园，真心令人佩服。

我没有多说客套话，依依不舍，互道再见。

美丽的花园和苏格兰老太太感染了朋友圈许多人：

“今天的连载故事看了又看，大爱，主编赞”“似乎看连载一般，看得我都感动了，眼眶发热，平凡而又惊艳，只感慨生活如此美好，人与自然，主编身在其中，幸福感更高”“在光晕中的树木、花朵激发了人内在的爱，感受到满满的爱”“丰盈、清新自然的花园，80 岁的美丽人生，祝福”“哈哈，我也是看了又看，温馨自然让人心情愉悦的交流”“惬意自在的花园，伴着老人祥和安宁的表情，映着老人自然朴实的话语，深深地感受到主编的依依不舍”“仁者寿”“我希望自己八九十岁时也能一样生机勃勃，热爱生命与生活”“好感人的一段经历，他乡遇故知的感觉，希望自己 80 岁也能有这样的心情”“他们从来是不紧不慢，不惊不喜，从来不透支生命和感情，淡泊宁静，过悠悠岁月，内心舒缓，生命悠长”。

参考书目

1.［英］马克·莫里斯：《城堡的故事：半部英国史》，付稳译，化学工业出版社，2018年版。

2.［意］菲奥雷拉·尼科西亚：《达利》，李金韬译，安徽美术出版社，2019年版。

3.［美］玛丽·安·考斯：《达利评传》，李松阳、戴永沪译，漓江出版社，2015年版。

4.［英］休·马西伯德：《风笛声中的庄园：遇见苏格兰》，蔡明娟译，（中国台湾）英属维京群岛商高宝国际有限公司台湾分公司，2005年版。

5.［意］雅丝米娜·特里夫尼：《国家地理终极旅游：全球50大最美城堡》，苏星宇译，大石国际文化有限公司，2019年版。

6.［英］娜恩·谢泼德：《活山》，管啸尘译，文汇出版社，2018年版。

7.［英］约翰生，鲍斯威尔：《惊世之旅——苏格兰高地旅行记》，蔡田明译，国际文化出版公司，2011年版。

8.澳大利亚Lonely Planet公司编：《英国》，邱绪萍、顾捷昕、王红丽等译，生活·读书·新知三联书店，2011年版。

9.英国DK公司编：《目击者旅游指南：英国》，李秀杰、关晓鸣译，中国旅游出版社，2011年版。

10.［美］比尔·布莱森：《全民自黑的英国：其实是一本全面的英国文

化观察笔记》，黄昱宁、夏菁译，江苏凤凰文艺出版社，2018 年版。

11.［西］萨尔瓦多·达利：《萨尔瓦多·达利的秘密生活》，湖南美术出版社出版，1997 年版。

12.［克罗］何沃德：《生命之水：苏格兰威士忌品鉴指南》，房岩译，广东人民出版社，2017 年版。

13.［英］彼得·约曼：《斯特灵城堡》，（英国）苏格兰历史环境局，2017 年版。

14. 德国梅尔杜蒙公司编：《苏格兰》，李雨晨、张欢译，北京出版社，2018 年版。

15.［美］阿瑟·赫尔曼：《苏格兰：现代世界文明的起点》，启蒙编译所译，上海社会科学院出版社，2016 年版。

16.［英］多萝西·华兹华斯：《苏格兰旅游回忆》，倪庆饩译，云南人民出版社，2011 年版。

17.［英］克里斯托弗·贝里：《苏格兰启蒙运动中的商业社会观念》，张正萍译，浙江大学出版社，2018 年版。

18.［美］南希·玛丽·布朗：《象牙维京人：刘易斯棋中的北欧历史与神话》，赵越译，生活·读书·新知三联书店，2018 年版。

19. 华林：《寻找阿噶佩：爱是幸福的秘钥》，中国青年出版社，2017 年版。

20.［英］西蒙·沙玛：《英国史 I：在世界的边缘 3000BC —AD1603》，彭灵译，中信出版社，2018 年版。

21.［英］西蒙·沙玛：《英国史 II：不列颠的战争 1603 — 1776》，彭灵译，中信出版社，2018 年版。

22.［英］西蒙·沙玛：《英国史 III：帝国的命运 1776 — 2000》，刘巍、翁家若译，中信出版社，2018 年版。

23. 阿健大叔：《英国说明书》，上海科学技术出版社，2015 年版。

24. [英] 萨拉·巴克斯特：《丈量世界：500 条经典徒步路线中的世界史》，袁田译，北京联合出版公司，2019 年版。

25. [英] 玛姬·佛格森编：《珍爱博物馆：24 位世界顶级作家，分享此生最值得回味的博物馆记忆》，周晓峰、沈聿德译，（中国台湾）字亩文化创意有限公司，2019 年版。

26. 日本大宝石出版社编:《走遍全球: 英国》, 中国旅游出版社, 2001 年版。

27. 6th Earl Cawdor: *Cawdor Castle*, Cawdor Castle Ltd, 2005.

28. Hamish McLeod: *MacLeod: The Origins of the Clan MacLeod and Their Place in History*, Lang Syne Publishers Ltd, 2018.

29. Dr. Kirsty Owen, Dr. Nicki Scott: *Dunblane Cathedral*, Historic Environment Scotland, 2016.

30. Dr. Nicki Scott: *Doune Castle*, Historic Environment Scotland, 2017.

31. Phoebe Taplin: *Scotland: Film Locations*, Pitkin Publishing, 2019.

32. Hugh Macleod: *Dunvegan Castle & Gardens*, Macleod Estate.

33. Edited by John Urquhart: *A Guide to Luss: Historic Place of Pilgrimage and Home to the Clan Colquhoun*, Luss Estates Company.

34. Adrian Shine: *Loch Ness*, Loch Ness Project, 2006.

35. David Long: *Bizarre Scotland*, Constable, 2014.

36. Charles MacLean: *Spirit of Place: Scotland's Great Whisky Distilleries*, Chicago Review Press, 2015

跋

行程的第15天，我们离开苏格兰，去英格兰湖区。

依依不舍。

在写这段文字时，苏格兰高地的场景仍让我魂牵梦绕。

多年前去过爱丁堡，这次以为花费两周就可以领略整个苏格兰之魂，事实上，我们至少应该在苏格兰待上一个月。

除了斯凯岛和北部诸岛，可以安排高地东线，目的地是阿伯丁。

来苏格兰高地之前，我和胡杨都阅读过娜恩·谢泼德的《活山》。谢泼德一直生活在阿伯丁，终生未婚，与山为伴，走遍阿伯丁附近的山区，《活山》就是她玩山的结晶。

《活山》写于第二次世界大战末期，无法出版，一直到1977年面世，而1981年谢泼德去世。

《活山》声誉日隆，2016年苏格兰皇家银行把谢泼德的头像印在5磅的纸币上。

之前，我也读过湖畔诗人华兹华斯妹妹多萝西的《苏格兰旅游回忆》与英国文豪约翰生与鲍斯威尔的《苏格兰高地旅行记》，但基本无感，并不推荐。

只有阅读《活山》，读到精彩的文字忍不住想要分享：

高地上的夏日有时甜美如蜜糖；但有时，它也可能带来一场狂风暴雨。

对爱它的人来说，两种模样都好，因为它们都是其本质属性的一部分。我想在这里求解的疑问，正是如何理解它的本质属性。而要想理解，就必须亲历。这可不是一时半会儿就能轻易达成的目标。对我们身处的焦躁时代来说，这个故事的进展实在过于缓慢，也无法为各种急迫的问题带来立竿见影的重要影响。然而它自有其罕见的价值。首先，它矫正了人们狂妄的自我判断：事实上人类从未理解过大山，也从未真正理解自己与山的关系。不管我在山里走过多少次，这片重峦叠嶂依旧能为我带来冲击。试图了解大山的道路永无止境，我永远不能说自己对它们已经熟知于心。

构成凯恩戈姆山脉的大量花岗岩，从周边矮山的片岩和片麻岩中冲出重围，被冰盖刨薄，然后又被冰霜、冰川和流水的力量劈裂、粉碎、侵蚀。正如地理书里描述的那样，凯恩戈姆跨越了许多平方英里的区域，域内有许多湖泊以及海拔超出四千英尺（约 1200 米）的山峰，但这也不过是现实的一个单薄影像。就像所有最终对人类有意义的现实一样，它应当是一种心灵中的现实。

高原才是这些山脉的真正顶峰；所有的山必须被视为一体，诸如本麦克杜伊山、布雷里厄赫山和剩下的那些山脉，虽然已被裂谷和斜坡分隔，也不过只是高原表面的涡流罢了。人们很少朝上望向壮观的山巅，而是站在山巅，俯视令人赞叹的峡谷。高原赤裸而多石，本身并不壮观。由于附近比它更高的地方远在挪威（本尼维斯山山顶除外），高原受尽狂风摧残。一年之中，高原有一半的时间被雪覆盖；有时，云雾会将这里笼罩，每次可以持续一个月之久。高原上生长着苔藓、地衣和莎草，到了六月，一簇簇蝇子草静默地开出粉红色的靓丽花朵。鸻鸟和松鸟在此筑巢，岩缝间涌出清冽的山泉。与大陆相比，这片高地的海拔并不出众——不过区区四千英尺左右，但对于岛屿来说，已经足够挺拔了。而且，如果风在这里可以不受阻挡，视线也可以毫无阻碍地投向远方。这里属于岛屿气候，没有大陆来稳定狂风；而且正如光拥有无数层级一样，这里的地形也呈现出多种面貌。

苏格兰的光有着我在别处从未遇到的特质。它闪耀却并不刺眼，毫不费力就能穿透漫长的距离。因此在天朗气清的日子里，可以从凯斯内斯的莫文山不受阻碍地望向拉默缪尔丘陵，跨越本尼维斯山，一路看到莫勒山。在仲夏时分，我甚至不得不说服自己再也看不到比莫勒山更远的地方了。但我发誓，我曾经看到过一个青色的轮廓，它清晰而渺小，比任何地图已有记载的山脉都要遥远。然而图表和我的同伴对此表示反对，而我之后也再没看见过它。在那样的日子里，有关高度的执念会钻进人的脑袋。或许那是遗落的亚特兰蒂斯在一瞬之间的闪现?

1977年，谢泼德在为30年前创作的《活山》新写的“前言”最后写道：

所有这些都和人息息相关。但在他们身后，屹立着大山本身，是山的本质、山的力量、山的结构，以及山的气候。这对于人类对山所做的，以及在山上所做的一切来讲，都不可或缺。假如山不在那里，人根本无法做出这些事情。因此，三十年的时间也许可以让一个人所做的事情发生变化，但了解这件事本身对这个人来说依旧必不可少。这就是三十年前我试图在这篇手稿中所做的事情。那是二战末期和战争刚刚结束后的几年，世界混乱不定，而写作为我提供了一个轻松的秘密天地。当时只有尼尔·古恩读过这篇手稿，由于我们对于上述经历的想法一致，也就不难理解他为什么会喜欢它了。他提供了一些关于出版的建议，但也告诉我在那种时候很难找到出版商。我在他的鼓动下写了封信，在收到委婉的拒信之后把手稿扔进了抽屉，此后它一直默默躺在那里。我已经老了，开始收拾自己的东西，再次读到这篇手稿时我意识到，这篇关于我和一座山的缘分的故事，直到如今依旧和当年一样真实而美好。毫无疑问，这是一份爱的相遇；而充满热情的爱，正是通往理解的那条小径。

我在摘写这段前言的时候，忽然意识到谢泼德写《活山》的时候，与我现在的岁数差不多。我已经写了400万字的“志雄走读”，写了十年了，那么再等待30年吧。

张志雄

2020年6月

图书在版编目（CIP）数据

苏格兰高地之魂/张志雄著．—上海：上海财经大学出版社，2020.7
（志雄走读）
ISBN 978-7-5642-3521-5/F・3521

Ⅰ.①苏…　Ⅱ.①张…　Ⅲ.①游记—苏格兰　Ⅳ.①K956.19

中国版本图书馆CIP数据核字（2020）第074943号

责任编辑：邱　仿
整体设计：[法] Valerie Barrelet

苏格兰高地之魂
著作者：张志雄

出版发行：上海财经大学出版社
地址：上海市中山北一路369号(邮编200083)
网址：http://www.sufep.com
电子邮箱：webmaster@sufep.com

经销：全国新华书店
印刷装订：上海锦佳印刷有限公司
版次：2020年7月第1版
印次：2021年5月第2次印刷
开本：787mm×1092mm　1/16
印张：22.5
字数：282千字
定价：140.00元